엔터테인먼트사의
25 가지 업무 비밀

엔터테인먼트사의  가지 업무 비밀

한 팀의 아티스트를 성공시키려면
백 명의 전문가가 필요하다

김진우

민음인

차례

들어가며 — K-POP 아티스트를 키워 낼 목표를 가진 사람들에게 – 7

ROOKIE DEVELOPMENT
신인개발 – 12

1 캐스팅과 트레이닝 – 15
2 오디션 기획 – 19
3 성공하는 캐스팅 Top Secret 5가지 – 29
4 비스포크 트레이닝 – 39
5 능력보다 소통, 트레이너의 자질 – 53
6 춤, 노래, 끼만큼 중요한 인성과 상식 – 60
7 커리어를 위한 마인드 컨트롤 – 69

● 실무 인터뷰 — 모던케이 김형규 대표 – 79

ARTISTS & REPERTOIRE
A&R – 84

1 A&R도 기획 A&R – 87
2 A&R의 자세와 업무 – 92
3 기본이자 필수, A&R 덕목 – 103
4 A&R과 함께 일하는 사람들 – 113
5 음반 제작 프로세스 – 124

● 실무 인터뷰 — 홍익대학교 공연예술대학원 최학래 겸임교수 – 130

PROJECT PRODUCTION
기획제작 – 134

1 기획제작팀의 꽃, 제작 플래닝 – 137
2 기획제작에 필요한 5가지 – 167

● 실무 인터뷰 — RBW 기획제작본부 구본영 이사 – 175

ARTIST MANAGEMENT

아티스트 매니지먼트 – 180

1 아티스트 매니저란 – 183
2 로드 매니저 – 187
3 홍보 매니저 – 193
4 성공하는 매니저의 직무 능력, 5PR – 196

◉ 실무 인터뷰 ― RBW 아티스트 매니지먼트본부 이헌민 이사 – 201

― RBW 아티스트 매니지먼트본부 안성희 팀장 – 205

FAN MANAGEMENT

팬 매니지먼트 – 208

1 팬들의 매니저, 팬 매니지먼트 – 211
2 팬 관리 업무, not 어려움 but 보람 – 220
3 업무에 최적화되기 – 237

◉ 실무 인터뷰 ― RBW 팬 매니지먼트 정승은 팀장 – 241

HR MANAGEMENT &
MANAGEMENT SUPPORT

인사 관리 및 경영지원 – 244

1 특별하지 않은 사람을 뽑는 특별한 인사팀 – 247
2 Top Secret! 엔터사에 어울리는 첫인상 – 259
3 회사의 존재 이유인 경영지원팀 – 262
4 흥미진진한 엔터사의 4가지 수익 – 268

◉ 실무 인터뷰 ― 커넥서스랩 이상환 대표 – 282

― DSP미디어 경영지원본부 임숙경 상무 – 286

나오며 ― 엔터테인먼트 산업의 미래와 전망 – 291

K-POP 아티스트를 키워 낼
목표를 가진 사람들에게

전 세계 무대를 주름잡는 K-POP 아티스트를 키우기 위해서는 무엇을 어떻게 해야 할까?

뛰어난 안목으로 스타가 될 법한 아티스트를 캐스팅하는 일, 아티스트의 능력을 극대화할 수 있도록 실력을 개발하는 일, 아티스트를 관리하며 콘텐츠를 기획하고 제작 및 투자하는 일, 제작된 콘텐츠를 홍보하고 각종 미디어에 출연을 섭외·교섭하는 일, 콘텐츠를 유통하고 세일즈 하는 일, 아티스트와 수익을 정산하며 수익과 지출을 컨트롤하는 일 등 모두가 어느 하나 빠지지 않고 K-POP 아티스트를 키워 내기 위해서 반드시 필요한 업무들이다.

지금 나열한 것 외에도 아티스트와 콘텐츠에 관련한 모든 직무들이 합쳐져 하나의 조직적인 시스템을 이루면 곧 엔터 회사(이하 엔터사)가

된다. 우리나라의 엔터사는 최근 20여 년 동안 가파르게 성장을 하며 현재 그 정점에 달하고 있다고 해도 과언이 아니다.

국내에는 수많은 엔터사가 있다. 아티스트를 꿈꾸는 사람이 많아진 만큼 아티스트를 기획·제작하는 곳에서 일하고 싶은 사람, 즉 엔터사에 취업을 하고자 하는 사람들도 많아졌다. 엔터 업계에 취업하려는 사람 외에도 엔터사에 관해 궁금해하는 사람이 많다. K-POP 팬으로서 엔터사의 조직과 구성, 업무에 호기심을 가지는 사람도 있다. 엔터사와 파트너로서 함께 일하는 다양한 업종의 직업인들도 있다. 실용음악을 전공하고, 아티스트를 준비하거나 활동하다 접은 후 엔터 취업을 고민하는 사람들, 창업을 목표로 하여 준비 중인 예비 엔터 창업가, 또 엔터 업계에 투자를 고민하거나 이미 투자를 하고 있는 투자자들도 있다.

이 책은 그런 사람들을 위한 책이다. 이 책을 통해 엔터사에 반드시 필요한 직무들을 엿보고, 실제 그 업무에 임하는 사람들에 이입하여 저마다의 자세와 목표에 대해서도 고민해 볼 수 있을 것이다. 뿐만 아니라 무대 위 아티스트의 화려한 모습 뒤에는 수억에서 수십억의 돈을 투자한 사람들, 또 그들을 준비시키고 훈련시키며 키워 낸 사람들, 즉 그들을 콘텐츠화시켜 진짜 직업 아티스트로 만든 수많은 스태프들이 존재하고 있다는 점을 알 수 있을 것이다.

한 팀의 K-POP 스타를 만들기 위해서는 최소 100명 이상의 스태프가 필요하다.

오랫동안 엔터 업계에서 일을 해 오면서 아티스트가 되고 싶은 사람만큼이나, 스태프가 되고자 하는 사람, 다시 말해 아티스트를 만들고 싶어 하는 사람들도 많이 만났다. 아티스트가 되기 위해서는 노래, 춤 등 대중예술 한 분야에 매우 뛰어난 재능을 가지고 있어야만 데뷔하고 성공할 수 있다. 노력만 가지고 되는 것이 아니기에 타고난 탤런트가 반드시 있어야 하고, 바늘구멍을 통과하듯 어렵고 치열한 경쟁을 이겨 내야만 가능한 일이다.

물론 그렇다고 해서 엔터사의 스태프가 되는 것이 쉽다고 말할 순 없다. 하지만 스태프는 사회성과 인성을 기본으로 하고, 본인의 적성에 맞는 한 직무 분야에 대한 관심과 노력만 있으면 다른 직무의 여러 사람들과 협업하며 좋은 성과를 만들어 낼 수 있다. 공부와 노력만 가지고 될 수 없는 아티스트와는 분명 차이가 있다.

그동안 업계로 진입하려는 후배들을 많이 보아 왔다. 바로 엔터사에서 일을 시작하기에 충분한 사람도 간혹 있었지만, 대부분은 자신이 엔터사의 다양한 업무 중 어떤 일을 하고 싶어 하는지, 어떤 능력을 가지고 싶은지 모르는 사람들이었다. 막연하게 그저 호기심 혹은 스타에 대한 동경심만으로 엔터 업계에 접근하려는 사람이 훨씬 더 많았다는 이야기다. 생각하는 것 이상으로 엔터사에는 많은 종류의 직무가 있고, 각 직무마다 요구하는 능력도 조금씩 다르다. 그런데 이 부분에 대한 이해 없이 무작정 호기심만으로 접근한다면, 좋은 성과도 빠른 성장도 이뤄 낼 수 없음이 당연하다.

이 책에는 지난 20년 동안 엔터 업계에 종사하면서 배우고 느꼈던

신인개발
ROOKIE
DEVELOPMENT

인사 관리 및 경영지원
HR & MANAGEMENT
SUPPORT

A&R
ARTISTS &
REPERTOIRE

팬 매니지먼트
FAN MANAGEMENT

기획제작
PROJECT
PRODUCTION

아티스트 매니지먼트
ARTIST
MANAGEMENT

것들이 담겨 있다. 아티스트와 스태프 사이에서 그들과 협업하며 느꼈던 많은 어려움과 고민거리들, 대중과 팬들 사이에서 이해될 듯 이해하기 어려웠던 그들의 심리, 히트라는 열매의 달콤함 뒤에 가려진 여러 가지 섭섭함과 지속성에 대한 불안과 걱정들, 이런 모든 감정과 경험들을 여러 파트의 직무 설명에 녹여 실질적인 이해도를 높일 수 있도록 설명해 보았다. 또한 12년 전 RBW 창업 후 '마마무'나 '원어스' 등 아이돌 아티스트 제작을 하면서 겪었던 실제 사례들을 소개하고, 그 경험 안에서 어렵게 깨우쳤던 깨달음들을 최대한 간결하게 정돈하여 요약, 기록해 보려고 했다.

20대에는 엔터 업계에만 있으면 행복할 수 있을 것 같다는 생각을 한 적도 있었다. 20년이 훌쩍 지난 지금은 다소 생각이 달라졌다. 엔터 업계는 대중에게 작은 행복을 줄 수 있는 보람 있는 직업은 맞지만, 스스로의 행복은 또 다른 차원의 형태로 준비하고 만들지 않으면 자칫 잃어버릴 수도 있는 그런 어려운 업계, 어려운 직업군이라고 생각한다. 그만큼 엔터사의 스태프가 되기 위해서는 분명 더 고민하고 생각하고 준비해야 할 것들이 많다. 향후 엔터 업계에 진입할 수많은 후배들이 이 책을 보고 엔터 업계의 환상과 실제 사이에서 본인의 진짜 행복을 찾는 데 작은 도움이라도 되었으면 하는 바람이다.

ROOKIE DEVELOPMENT
신인개발

1 캐스팅과 트레이닝

2 오디션 기획

3 성공하는 캐스팅 Top Secret 5가지

4 비스포크 트레이닝

5 능력보다 소통, 트레이너의 자질

6 춤, 노래, 끼만큼 중요한 인성과 상식

7 커리어를 위한 마인드 컨트롤

⊙ 실무 인터뷰 ― 모던케이 김형규 대표

1
캐스팅과
트레이닝

신인개발팀의 업무는 크게 캐스팅과 트레이닝으로 나뉜다. 이 두 과정은 아티스트를 제작하기 위한 시작점에 있는 업무라고 할 수 있다. 가능성이 있는 지망생 중 향후 전속으로 소속될 수 있는 아티스트를 선발하여, 더 성장할 수 있도록 적절한 트레이닝 및 관리하는 것이 주된 업무다. 즉, 원석을 갈고 닦아 다이아몬드를 만드는 일과 비슷하다고 할 수 있다.

첫 번째 단계인 캐스팅은 스타의 가능성이 있는 지망생, 결국 엔터사의 존재의 이유가 될 원석을 찾는 일이라는 점에서 매우 중요한 업무다. 물론 엔터사에 입사해 신인개발팀에서 일한다고 해도 처음부터 직접 캐스팅을 할 수는 없다. 최종 캐스팅 권한은 회사의 관리자급, 제작자(대표), 프로듀서 등 책임을 질 수 있는 사람들이 대부분 결정하기 때문이다.

하지만 신인개발팀 스태프로서 캐스팅 과정 중 오디션 업무나 심사 과정에 참여하면 여러 가지 좋은 노하우를 배울 수 있다. 오디션 후 예비 아티스트들에 대한 의견, 특히 장점과 단점을 포함하여 향후 트레이닝 방향이나 준비해야 할 콘텐츠 등의 전문적인 디렉팅을 자주 접하게 되기 때문이다. 그러다 보면 성공 확률이 높은 캐스팅 능력과 예비 아티스트의 장단점을 재빠르게 찾아낼 수 있는 능력을 키울 수 있다. 이러한 능력이 점점 커지면, 오디션에 참여하는 예비 아티스트들의 잠재력을 파악해, 그들의 장점을 최대한 살리고 단점은 최소한으로 커버할 수 있도록 적절하고 효율적인 트레이닝 방법과 스케줄도 정할 수 있는 능력으로 이어진다.

"시작이 반."이라는 말처럼 캐스팅이라는 시작점은 엔터사의 존재 이유라고 해도 과언이 아닐 정도로 중요한 의미를 지닌다. 아티스트 제작을 목표로 하는 사람들에게 캐스팅과 트레이닝 업무가 더욱 매력적으로 다가올 수밖에 없는 이유이기도 하다. 예전에는 신인개발팀의 업무가 A&R의 업무 중 하나로 통합되어 운영되기도 하였으나, 업무의 전문성 제고를 위해 신인개발팀이 또 다른 하나의 직무 카테고리로 나뉘어서 운영되고 있는 경우가 더 많아졌다.

한국의 K-POP 아티스트들은 데뷔 이전에 완벽한 보컬과 댄스 실력을 갖추는 것이 일반적이다. 그래서 신인개발팀에서 강도 높은 트레이닝 프로그램을 운영하는 엔터사가 많다. 수년에 걸치는 긴 연습생 시절은 이제 필수처럼 되었다. 대부분 청소년인 연습생들은 그 기간 동안 예비 아티스트로서의 교육과 학생으로서의 교육, 사회생활 적응력과 기본 인성에 대한 검증에 이르기까지 혹독하고 지난한 과정을 겪는다. 이러한 연습생들의 상황을 충분히 고려하는 것은 물론, 적절한 관리와 조정을 통해 효율적인 트레이닝을 하는 데 있어 신인개발팀과 그 팀원의 역할이 점점 중요해지고 있다.

  신인개발팀의 주 업무는 캐스팅을 시작으로 데뷔 전까지의 모든 트레이닝 과정을 포함한다. 데뷔 이전의 모든 것을 관리한다고 해도 과언이 아니다. 실무는 앞서 언급했듯 크게 캐스팅 업무와 트레이닝 과정으로 나누어진다. 캐스팅 실무는 오디션 기획과 오디션 진행이다. 트레이닝 과정은 트레이닝 실무 및 아티스트 관리와 각종 행정업무에 이르기까지 매우 광범위하게 포함된다. 연습생 계약, 트레이닝 전략회의 및 스케줄링, 정기적인 평가와 평가보고서 작성, 분야별 트레이너 섭외 및 관리, 연습생 및 그들의 부모님과의 교육 상담 및 미팅, 학교생활과 연습생 생활 고충 상담, 숙소 생활 지도와 기초체력 평가와 건강관리, 아티스트로서의 사회성 교육, 인성 검증 및 관리 등이다.

  최근에는 트레이닝 과정에 한 가지가 더 추가되었다. 데뷔 전 연습생 기간의 여러 가지 과정을 콘텐츠화하고, 그 콘텐츠로 팬덤과의 소통을 적극적으로 하는 추세이기 때문이다. 그래서 일종의 예능 다큐 프로그램처럼 연습생들의 성장 과정을 정기적으로 촬영 및 편집하며, 각종 SNS 채널에 업데이트하고 피드백을 관리하는데, 이 역시 신인개발팀 업무에 포함된다.

아이돌의 가장 큰 소비자인 팬들은 스타가 된 이후는 물론, 스타로 커 나가는 과정 또한 매우 중요하게 여긴다. 이러한 이유로 신인개발팀의 콘텐츠화 업무는 점점 더 중요해지고 있다. 결국 요즘에 데뷔하는 아티스트, 특히 아이돌 아티스트의 경우는 이미 데뷔 전에 데뷔 후하게 될 일을 모두 하고 있고, 이는 신인개발팀에서 진행하게 된다고 할 수 있다.

2
오디션 기획

전 세계에서 인기를 얻을 수 있는 보이 그룹을 만들고 싶어 하는 박대표. 자신은 글로벌 스타를 만들 수 있는 능력이 있다고 생각하지만 인재를 뽑는 것부터 막막하다. 연습생을 모집한다고 공고를 내 봤지만 문의조차 없다. 이때 그가 가장 먼저 해야 할 일이 바로 오디션이다. 대형 기획사나 방송국과 함께 오디션을 하면 좋겠지만, 반드시 그럴 필요는 없다. 스타성 있는 인재를 찾을 수 있는 곳이라면 어디든 갈 수 있는 패기와 열정과 의지가 더 중요하다.

오디션이 중요한 이유

신인개발팀에 입사를 꿈꾸는 사람들은 '나라면 누구보다 빠르게 좋은 아티스트를 찾고 단기간에 트레이닝을 끝낼 수 있다.'는 생각을 하기 쉽다. 하지만, 성공이 보장될 만큼 뛰어난 자질을 가지고 있는 신인이 기다렸다는 듯이 나타날 리 만무하다. 가장 오래되고 간편한 캐스팅 방식인 길거리 캐스팅 역시 예전만큼 좋은 인재를 뽑기 어려우며, 재능보다는 외모 위주로 선발하는 경우가 많아 성공할 가능성도 높지 않다.

결국 캐스팅에 있어 가장 좋은 방법은 참신한 신인을 뽑을 수 있는 상황을 만들어 내는 것이다. 그래서 캐스팅에도 '기획'이 들어가야 한다. 캐스팅을 어디서 어떻게 누구와 어떤 의도로 진행할지, 또한 어떻게 홍보하고 지원자들을 설득할지 기획하는 것이 매우 중요하다. 좋은 인재가 엔터사의 현재이자 미래이기 때문에 효율적인 캐스팅은 신인 개발 업무에 있어 중요할 수밖에 없다.

SM, JYP, YG 등의 대형 기획사라면 오디션 지원서만 추려도 충분할 정도로 많은 지원자들이 있다. 하지만 중소 엔터테인먼트 기업이나 신생 엔터테인먼트 기업의 경우 지원자가 많지 않다. 그래서 능력 있는 신인을 선발할 수 있는 환경을 만들어 내야 한다. 즉 어떻게 오디션에 대한 입소문을 내서 기대감을 충분히 끌어올려야 할지, 그래서 오디션에 얼마나 많은 지원자를 끌어들일 수 있을지 등이 오디션 기획의 중

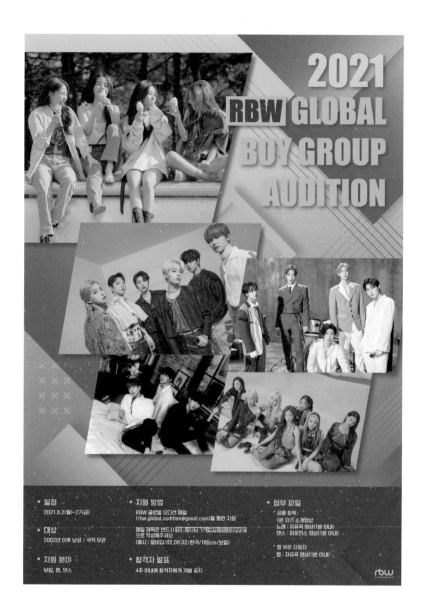

오디션 모집 포스터

요한 포인트가 된다.

엔터사에서 일하고 싶어 하는 사람들 중에는 신인개발팀 업무를 맡고자 경우가 많은 편이다. 스타가 될 사람을 뽑는다는 호기심과 환상을 가지고 있기 때문이다. 일반 기업에서의 인사 업무를 하는 것이기 때문에 지망생들 입장에서는 막강한 권력을 가진 것처럼 바라보기도 한다. 그러나 신인개발팀의 스태프는 일정 연차가 되기 전까지는 선발 과정을 준비하는 데 그치는 경우가 많다. 몇 년 차 또는 어떤 직급부터 심사에 참여할 수 있다고 말하기는 어렵지만, 연차가 쌓인 스태프들의 의견들은 결정권자들이 충분히 참고하는 중요한 자료가 될 수 있다. 또 본인만의 점수표나 장점과 단점을 구체적으로 기록해 나만의 합격 기준을 만들어 보는 것도 숙련된 신인개발팀의 인재가 되기 위한 좋은 방법이다. 이런 자료들을 제대로 쌓고 기록한다면 기대 이상의 승진도 가능할 수 있다.

오디션 플래닝

가장 일반적이면서 효율적인 캐스팅 방법은 엔터사에서 자체 공개 오디션을 진행하는 것이다. 뛰어난 능력을 가진 인재들이 최대한 많이 지원해야 그중에서 잠재력이 뛰어난 연습생, 예비 아티스트를 선발할 수 있다. 그래서 오디션을 어떻게 알리고 홍보할 것인지가 오디션 기획 업무에서 매우 중요하다.

막대한 상금이나 마케팅 비용이 바탕이 된다면 오디션을 진행하는데 어려움이 없겠지만 현실은 그렇지 않다. 신인을 뽑으려면 음악을 하는 사람들이 많이 모이는 곳에 가는 것이 가장 쉽고 효율적이다. 음악에 열정을 가진 사람들이 모여 있는 곳에 인재가 있을 확률이 높다.

첫 번째는 실용음악학원에 방문해서 오디션을 진행하는 경우다. 사전에 학원과 협의를 하고 진행한다면 그 어떤 오디션보다 쉽고 효율적으로 진행할 수 있다. 엔터사에 대한 명확한 평판과 신인개발팀에 대한 소개, 회사의 트레이닝 인프라 등을 자료화하고, 오디션에서 선발하고자 하는 인재에 대한 구체적인 지원 계획 및 데뷔 일정, 활동 계획 등을 꼼꼼한 제안서 형태로 만든다면, 학원 역시 오디션을 마다할 이유가 없다. 학원생이 엔터사의 연습생이 되고 데뷔해 유명해지면 학원 입장에서는 좋은 홍보 사례도 될 수 있고, 지망생들 역시 엔터사의 연습생이 되어 실전을 배우는 좋은 기회로 삼을 수 있다.

두 번째는 실용음악학과 또는 음악 관련 학과가 있는 대학이나 예술고등학교에서 오디션을 진행하는 것이다. 요즘은 꼭 실용음악뿐만이 아니라 클래식 음악이나 일반 학과를 전공하는 학생들 중에서도 아티스트가 되고 싶어 하는 경우가 적지 않다. 그래서 가능하면 실용음악학과가 있는 학교에서 진행하되, 학교 측과 사전에 협의해 해당 학과뿐 아니라 모든 학과로 충분히 홍보를 하고 오디션을 진행하면 더 좋은 신인을 발굴할 가능성을 높일 수 있다.

오디션의 종류

오디션은 크게 공개 오디션과 비공개 오디션으로 나눌 수 있다. 공개 오디션은 말 그대로 오디션과 참가자들을 공개하면서 진행하는 오디션이고, 비공개 오디션은 사전에 협의된 참가자들만 모아 지정된 장소에서 오디션을 진행하는 것이다. 단순하게 생각하면 공개 여부의 차이만 있을 것 같지만, 신인개발팀에서 두 종류의 오디션을 진행하는 방식은 전혀 다르다.

1) 공개 오디션

공개 오디션은 일종의 작은 공연이라고 하면 좀 더 쉽게 이해할 수 있다. 관객들(오디션 참가자들)을 비롯해 심사위원, 무대보조 스태프, 진행 대본, 음향 및 조명 스태프 등이 모두 필요하기 때문이다. 또 오디션이 진행되는 과정에서 발생할 수 있는 저작권 이슈나 초상권에 대해서도 사전계약을 통해 향후 분쟁의 소지가 없도록 정리를 해야 한다. 이렇듯 콘서트나 음악 프로그램처럼 철저히 준비된 상태에서 진행돼야 하기 때문에 매우 꼼꼼한 기획과 진행이 필요하다. 진행이 매끄럽지 못한 경우, 자칫 회사 자체의 신뢰도나 오디션 기획의도에 대한 진정성이 떨어질 수 있으므로 주의해야 한다. 신인개발팀이 오디션을 준비하면서 해야 할 일은 매우 많지만, 가장 중요한 것은 다방면으로 홍보를 많이 하고 최대한 알려서 가능한 한 많은 사람들이 도전하도록 해야 한다는 것이다. 오디션을 흥행시켜야 한다는 것을 처음부터 마지막끼지 잠시도 잊지 않는 것 역시 스태프로서 해아 할 일이다.

사람이 많이 모이는 공개 오디션의 특징을 충분히 활용하면서 진행하는 것도 좋은 방법이다. 공개 오디션을 단순한 오디션 형식이 아닌, 협찬 회사나 파트너 회사와 함께 개최한다면 좀 더 다양한 참가자를 만날 가능성이 높아진다. 협찬사의 트레이닝 지원, 데뷔 후 전속모델 계약, 트레이닝 기간 동안 운동기구나 건강 유지를 위한 다이어트식 등을 협찬받는다면 홍보할 때 오디션 참가자들의 관심을 끌 수 있고, 오디션 자체가 규모 있어 보이기 때문이다. 제조사나 서비스 회사의 경우 오디션에 협찬사로 참여하면 자사 상품과 서비스를 알리는 기회가 되고, 아티스트 발굴을 지원했다는 좋은 이미지까지 얻는 기회로 활용할 수도 있다. 또한 각 기업들이 힘을 합쳐 홍보를 하기 때문에 오디션 마케팅이 좀 더 효율적이고 잘될 수 있는 긍정적인 효과를 기대할 수 있다.

2) 비공개 오디션

비공개 오디션은 외부에 알리지 않고 참가자들과 일정을 사전 조율하기 때문에 참가자들이 소수인 경우가 많다. 그래서 준비할 것은 공개오디션만큼 많지 않지만, 그 과정이 보통 1차에서 3차까지 진행되기 때문에 신인개발팀에서 할 일이 적지는 않다. 공개 오디션은 비공개 1차 오디션의 다른 형태라고 할 수 있는데, 공개 오디션에서 다양한 참가자들을 심사하고 그중 뛰어난 참가자들을 뽑아서 비공개 오디션을 보는 프로세스가 가장 많은 편이다.

보통 1차 및 2차 오디션에서는 개인의 프로필을 보여 주는 서류를 작성하며, 도움이 될 수 있는 인터뷰, 영상 제작, 카메라 테스트 등을 하면서 아티스트가 될 수 있는지 기본 가능성을 판단한다. 3차에서는 제작자, 프로듀서 등이 정보를 공유하며 좀 더 심도 있는 판단을 할 시간을 갖고, 최종 합격한 경우 엔터사와 연습생 계약을 하고 연습생 생활을 시작하게 된다.

신인개발팀 스태프는 이 모든 과정을 기록하고 보관해 두어야 하며, 공개오디션 또는 비공개 오디션에 참여한 지망생들의 프로필, 영상자료 등을 DB화하여 외부에 유출되지 않도록 잘 관리하고 보관해야 한다. 또 지망생들로부터 자료가 보관된다는 동의서를 받아 향후 분쟁의 소지를 없애야 하며, 이 자료는 추후 회사의 전속 아티스트가 될 경우 사용할 수 있는 좋은 콘텐츠 소스가 되기도 한다.

이러한 콘텐츠 소스의 좋은 예는 마마무의 멤버 화사와 휘인의 오디션 영상이다. 화사와 휘인이 중학교 3학년 때 촬영하여 보관했던 영상자료가 회사에 있었는데, 그 자료는 만들어진 지 10년 후 마마무 다큐멘터리의 좋은 과거 자료로 활용되면서 아티스트와 팬들에게 특별한 추억이 될 수 있었다.

RBW 2022 공개오디션 안내 매뉴얼

* 시작 전, RBW_I SNS에 접수처 위치 안내 게시글 업로드 하기
* 조기 마감될 경우 (조기 마감 되지 않았더라도), RBW I SNS 상황 보고 글 업로드 하기

지원서 배부

1. 지원서 상단에 **참가번호/대기시간/오디션 응시시간** 작성한 후, 지원자에게 배부

2. 지원서 작성하는 곳에서 작성할 수 있도록 안내 (볼펜 가져가지 않게 주의)

3. 작성 완료된 지원서 받으면, 꼼꼼히 작성했는지 확인하고 **번호표 배부**

   * 개인정보 수집 및 이용 동의에 체크했는지 확인 필요

4. 지원서 타입별로 구분하여 분류 후, 안내자에게 전달

지원서 배부 안내

1. 안녕하세요. (지원서 상단에 번호, 시간 작성한 후) 지원서 상단 확인하시고, 아래 내용 빠짐 없이 작성해주세요.

2. 지원 부문은 1가지만 선택 가능하며, 개인정보 수집 동의란까지 읽어보시고 서명해주세요.

3. (지원서 작성하는 곳 가리키며) 지원서 작성하는 곳은 저기입니다.

번호표 배부 안내

1. (번호표 배부하며) 번호표는 왼쪽 어깨에 붙이시기 바라며, 머리카락에 가리지 않도록 주의해주세요.

2. 오디션장에 입실할 경우에는 꼭 외투를 벗고 입실할 수 있도록 해주시기 바랍니다.

3. 본인 차례가 오면, 자기소개 30초 분량 준비해서 보여주시고, 심사위원이 준비한 곡 보여달라고 하면 시작하시면 됩니다.

   (보컬, 랩 지원자인 경우) 무반주로 1절 분량 불러주시면 되며, 추가로 더 이상 시키지 않으며 본인 자리로 돌아 가시면 됩니다

   (댄스 지원자의 경우) 준비한 곡 미리 휴대폰에 준비하셔서 본인 차례에 엔지니어분께 전달 해주시고, 자기소개 시작하시면 됩니다. 추가로 더 시키지 않으면 본인 자리로 돌아가시면 됩니다.

   (싱어송라이터 지원자의 경우) 준비하신 악기 세팅이 완료되면 자기소개 시작하시면 됩니다. 준비하신 곡 1절 분량 보여주신 후에 추가로 더 시키지 않으면 본인 자리로 돌아가시면 됩니다.

5. (지원서 상단에 적힌 대기실 입실 시간 확인하고) 00시까지 공연장으로 다시 오시면 됩니다.

FAQ

- 지원 부문은 한가지만 선택 가능 (중복 선택 불가)
- 만 14세 미만의 지원자의 경우, 추후 법정대리인의 동의서를 받아야 할 수 있는 점 공지
- 오디션 결과는 2주 ~ 4주 안으로 합격자에 한하여 개별 연락
- 보컬랩 부문의 경우, MR 및 악기 사용 불가능. 무반주로만 진행
- 팀으로 지원 X, 개인 지원만 가능
- 화장실은 반드시 공연장 뒤쪽으로 안내 [비밀번호 *6533*]
- 외부 흡연 소음 문제 없도록 주의
- 공연장 내부, 음료 외 음식물 섭취 금지

RBW 2022 공개오디션 접수처 매뉴얼

지원자 안내사항

1. 번호표 왼쪽 어깨에 부착했는지 확인 머리카락은 반드시 뒤로 넘길 수 있도록 안내
2. 외투 벗고 입실할 수 있도록 다시 한번 안내 후 확인
3. 들어가서 자기소개(PR) 30초 정도 한 뒤에 심사위원이 준비한 것 보여달라고 할 때까지 잠시 대기할 수 있도록 안내
   (카메라 REC ON/OFF으로 인한 시간 필요)
4. 댄스 지원자의 경우, 입실 이전에 음악 재생 준비하고 들어갈 수 있도록 안내

체크리스트

1. 접수처에서 타임별 지원서 받아서 심사위원에 전달
2. 댄스, 싱어송라이터 지원자 인원 파악 후 세정님에게 전달
3. 지각 결시자 있는지 파악 후 전달
4. 지원서 및 번호표 부족할 경우, 추가 인쇄할 수 있도록 준비
5. 끝난 타임의 지원서는 접수처로 다시 가져오기

FAQ

- 지원 부문은 한가지만 선택 가능 (중복 선택 불가)
- 오디션 결과는 2주 ~ 4주 안으로 합격자에 한하여 개별 연락
- 보컬/랩 부문의 경우, MR 및 악기 사용 불가능, 무반주로만 진행
- 팀으로 지원 X, 개인 지원만 가능
- 화장실은 반드시 공연장 뒤쪽으로 안내
- 외부 흡연 소음 문제 없도록 주의
- 공연장 내부, 음료 외 음식물 섭취 금지

오디션 접수처 매뉴얼

3

성공하는 캐스팅
Top Secret 5가지

타고난 혜안이 있어 스타성을 갖춘 사람을 언제 어디서나 척척 찾아낼 수 있다면 좋겠지만, 그런 능력을 가진 사람은 거의 없다. 캐스팅을 하고 연습생을 거쳐 아티스트가 되기까지는 오랜 시간과 많은 비용이 들기에 캐스팅은 신중하고 또 신중해야 한다.

자신만의 특별한 노하우나 감을 제외하고, 성공 가능성이 높은 아티스트를 캐스팅하기 위해 챙겨야 할 몇 가지 기본적인 조건이 있다. 물론 이러한 조건을 다 갖추고 있는 연습생을 만나는 것은 쉽지 않은 일이지만, 최대한 필요조건에 근접한 예비 아티스트를 찾아내려고 노력하는 것이 현실적이고 효율적일 것이다.

신인개발팀에 입사한 지 얼마 안 되었다면 캐스팅 과정에 큰 영향을 미치기 어려울 수 있다. 하지만 캐스팅 과정을 보고 그 프로세스에서 작더라도 역할을 담당하면서 경험해 보는 것 또한 캐스팅 노하우를 쌓는 데 매우 중요한 자원이 된다. 과정 하나하나를 자기 것으로 만들려는 노력이 언젠가는 자기만의 능력이 될 수 있기 때문이다.

미래 가능성 찾기

오디션을 진행하다 보면 외모 위주로 선발하는 경우가 있는데, 사실 외모만 보고 캐스팅 하는 것은 고수의 방법이라고 할 수 없다. 실제로 TV 오디션 프로그램에서는 외모가 뛰어나지 않아도 많은 인기를 얻으며 팬덤을 형성하는 경우를 흔히 볼 수 있다.

오디션을 진행할 때는 현재가 아닌 미래가치를 볼 수 있어야 하는데, 외모는 현재일 뿐 미래가치라고 보기 어렵다. 외모가 뛰어나더라도 다른 능력이 현저히 부족해 트레이닝으로 극복할 수 없는 경우도 적지 않다. 결국 외모가 아닌 그 사람만의 매력, 즉 미래 가능성을 볼 수 있어야 한다. 오디션에서 만난 수많은 가수 지망생들에게서 현재가 아닌 미래를 봐야 하고, 그래야 앞으로 데뷔할 신인 아티스트들의 성공 가능성을 높일 수 있다는 뜻이다.

RBW의 걸그룹 '마마무'의 화사와 휘인은 중학교 3학년 때 오디션에 합격했다. 화사와 휘인을 만난 곳은 전주의 한 음악학원이었다. 사전 협의를 통해 진행된 비공개 오디션이었는데, 2010년 그때의 화사는 지금 화사의 어린 버전이라고 할 정도로 잠재된 재능을 보였다. 지방 도시에 살고 있는 중학생답게 스타일은 다소 앳되어 보이고 약간의 촌스러움도 있었지만, 당당한 눈빛과 태도에서 미래의 화사 모습이 어렴풋이 보였던 것이다. 강도 높은 연습생 시절의 트레이닝과 가요계에서의 10년간의 노력이 지금의 화사가 되는 데에도 큰 역할을 했을 것이다. 그러나 당시 중학교 3학년이었던 화사에게는 지금 화사가 무대와 방송에서 보여 주고 있는 아티스트로서의 독특함과 매력과 장점들이 이미 존재하고 있었다. 휘인 역시 누구 못지않은 잠재력을 가지고 있기는 마찬가지였다. 당시 휘인이 연습 삼아 불러 녹음했던 스테이시 오리코(Stacie Orrico)의 노래는 모두의 마음을 울렸다. 특히 노래의 후렴 부분은 목소리를 터트려야 하기 때문에 소리를 지를 수도 있었을 텐데, 얼굴색 하나 변하지 않고 예쁜 목소리로 나시막하게 그 부분을 소화해 내는 어린 휘인을 보면서 감동받지 않을 수 없었다. 아쉽게도 이후 10년 동안 아무리 지방에서 오디션을 봐도 화사와 휘인 같은 재능 있는 인재 둘을 한번에 만날 기회는 없었다.

신인개발 업무를 할 때 현재에서 미래를 볼 수 있는 능력은 매우 중요하다. 지금 보는 가수 지망생이 원석인지 아닌지 판단해 내야 하기 때문이다. 원석은 다이아몬드 같은 아름다운 보석이 될 수 있으므로, 세공되지 않은 원석의 그 거친 면을 자세히 들여다보면서 세공 후 아름다워질 가능성을 조금이나마 엿볼 수 있어야 한다.

아티스트 캐스팅의 기본은 세공이라는 과정을 거쳐 보석이 될 가능성을 가진 예비 스타를 뽑아내는 것이다. 커버할 수 있는 단점은 스타가 되는 데 문제가 되지 않으며, 오히려 단점이 없다는 것이 비현실적일 수 있다. 현재의 모습에서 본인만이 가지고 있는 독특한 개성이나 매력을 찾는 것, 그리고 현재의 노래와 춤 실력에 트레이닝이 더해지고 의상 및 조명, 메이크업과 헤어가 더해지면 어떻게 변할 것인지 상상하는 능력을 가질 수 있어야 한다.

호기심이 생기는 사람

잠재력이 충분하다면 다음으로 그 사람에게 호기심이 생기는지 판단해야 한다. 1차 오디션은 대부분 60초, 길어도 3분을 넘기지 않고 끝난다. 너무 잠깐이라 판단할 수 없다고 생각하는 경우도 있겠지만, 프로라면 충분히 결정하고도 남는 시간이다. 오디션 합격 여부는 더 보고 싶은지 아니면 더 이상 보고 싶지 않은지, 즉 호기심의 유무를 기준으로 판단하기 때문이다.

오디션에 합격하기 위해서는 뛰어난 노래 실력이나 춤 실력도 중요하다. 하지만 무엇보다 중요한 것은 그들 자신의 무대를 또 보고 싶게 만들어야 한다는 것이다. 보여 준 것 외에 무엇을 더 가지고 있는지, 얼마나 더 보여 줄 수 있는지 궁금해져야 성공의 가능성이 있는 것이다. 오디션 프로그램을 보면 심사위원이 "한 번 더 해 볼래요?" 또는

"다른 개인기가 있나요?" 등의 질문을 할 때가 있다. 그 질문은 괜히 하는 것이 아니다. 정말 더 궁금하고 더 보고 싶기 때문이다. 더 보고 싶은 궁금증과 호기심, 그것이 바로 숨겨진 가능성이 되는 것이다.

반면 10초 내외의 무대를 봤을 뿐이지만 불편함을 느끼거나 부담스러운 경우가 있다. 어떤 면에서든 지나친 느낌을 줄 때 그런 느낌을 받게 되는데, 이는 리얼리티가 없는 가식이어서 그런 경우가 많다. '내 것'이 없는 상태에서 단지 시선을 끌고 싶어 하는 행동은 엔터테인먼트 전문가가 아니더라도 누구에게나 불편함을 준다.

자기가 가진 기본기가 충분하다면 다른 가수의 노래와 춤을 커버하더라도 따라 하는 것이 아닌 내 것으로 소화할 수 있는 능력을 가져야한다. 그렇게 해야 보는 이로 하여금 호기심을 갖게 할 수 있고, 호기심이 생겨서 한번 더 보고 싶게 만들어야 그다음 단계로도 이어질 수 있다.

외모보다 매력과 분위기

잠재력이 충분하고 호기심도 가질 수 있다면 다음으로 그 사람의 분위기를 살펴봐야 한다. 노래를 잘 부르거나 춤을 잘 추는 사람은 많지만, 그런 사람조차도 자신만의 분위기를 가지고 있지 않으면 스타가되기 어렵기 때문이다.

캐스팅을 할 때 주의해야 할 점 중 하나가 완벽한 사람은 없다는 것이다. 외모도 춤도 노래도 모두 완벽하다면 그 사람은 '이미' 스타가 됐을 것이다. 그래서 오디션에서 가장 중점적으로 찾아봐야 하는 것은 춤과 노래 실력보다는 매력적인 부분이나 외모의 사랑스러운 면이 있는지 여부다. 외모의 모든 부분이 다 예쁘거나 잘생기는 것은 불가능하며, 여기에 아티스트로서의 자질까지 가진 경우는 더욱 드물다. 그래서 사랑스러운 부분, 즉 매력적인 부분을 가지고 있는지 판단하는 것이 매우 중요하다. 그 부분을 빠르게 캐치해서 짧은 시간에 알아보는 것이 능력이라고 할 수 있다.

매력적인 부분이란 그 사람의 분위기가 주는 느낌인 경우가 많다. 사랑스럽게 웃는 모습, 키는 작지만 비율이 좋아 안정감 있는 체형, 자꾸 눈길이 가는 노래할 때의 특이한 입모양, 너무 잘 어우러지는 손짓과 표정 등 기억에 남는다거나 매력으로 키워 갈 수 있는 작은 가능성이라도 찾아내는 것이다. 결국 그 실마리를 잡으면 이후 부족한 부분은 트레이닝으로 어느 정도 커버할 수 있다. 즉 사람들의 시선을 끄는 매력, 개성 있는 분위기, 작은 사랑스러움을 느낄 수 있는 예비 아티스트를 찾는 것이 관건이라고 할 수 있다.

외모에서 느껴지는 분위기가 아쉽다면 성형도 고려해 볼 수 있다. 요즘은 성형도 트레이닝의 하나 정도로 여겨져 굳이 숨기지 않기도 한다. 그러나 기본적으로 자신만의 특징과 분위기, 매력, 사랑스러움을 느낄 만한 부분을 갖고 있지 않다면 성형으로 커버하기는 어렵다.

만약 성형을 한다면 단점을 보완하는 식이 되어야 하며, 절대 다른 사람과 비슷해지려고 해서는 안 된다. 누군가와 비슷해지는 성형은 최악의 성형이다. 아티스트로서의 개성이나 매력이 모두 사라질 수도 있을 만큼 위험하다. 실제로 연예인들의 성형 사례를 보면, 성형 후 매력과 개성이 사라져 방송이나 스크린에서 더 이상 볼 수 없게 된 경우를 쉽게 찾아볼 수 있다.

편안한 목소리와 발음

트레이닝으로 쉽게 바꿀 수 없는 것 중 하나가 바로 목소리와 발음이다. 오디션을 볼 때의 음악 환경은 녹음실 같은 최적의 환경이 아닌 경우가 많다. 대부분 음향이 정리되지 않은 안무실이나 강당이나 사무실 등에서 보기 때문이다. 그래서 목소리와 발음을 더욱 주의해서 들어야 하는데, 가능하면 MR은 작게 해서 실제 목소리를 들을 수 있도록 하는 것이 좋다. 들자마자 귀가 행복해지는 달달한 목소리를 찾는 것이 가장 좋지만, 당연하게도 그런 목소리는 찾기 어렵다. 일단 듣는 내내 귀에 거슬림이 없는 목소리, 편안함을 가진 목소리를 찾아야 한다.

목소리만큼 중요한 것이 바로 발음이다. 사투리도 그 사람의 개성이 될 수 있기 때문에 꼭 정확한 표준어를 쓸 필요는 없다. 그래서 사투리를 쓰더라도 또박또박 제대로 발음을 하는지, 그에 따른 울림은 좋은

지 따져 보는 것이 매우 중요하다. 아무리 목소리가 좋아도 발음이 정확하지 않으면 가사 전달을 제대로 할 수 없고, 그러면 아무리 훌륭한 노래 실력을 가졌더라도 좋은 반응을 얻기 힘들다. 목소리를 들으면 또 듣고 싶을 정도로 기분이 좋아지는지, 듣기만 해도 마음이 차분해지는지 등을 판단해 보면 성공 가능성이 높은 신인을 발굴할 수 있다.

자신감과 간절함을 가진 눈빛

충분한 재능과 매력을 지녔다 해도 스타 아티스트가 되겠다는 의지가 없으면 성공할 수 없다. 그래서 일상생활을 할 때도 눈빛은 매우 중요하며, 미래의 스타를 뽑는 자리라면 눈빛은 더욱 중요할 수밖에 없다. 자신감이 가득하면서도 간절함이 느껴지는 빛나는 눈을 가진 사람이라면 오케이다. 재능이나 분위기가 다소 아쉽더라도 눈빛이 좋다면, 즉 강한 의지를 가지고 있다면 트레이닝과 노력으로 충분히 커버할 수 있다.

여러 사람 앞에 서면 떨리고 긴장되는 것은 당연하다. 그런데 그 긴장감을 어떻게 다루느냐는 사람마다 다르다. 자신감 가득한 눈빛을 가진 사람은 긴장감을 가볍게 극복하고 때로는 더 좋은 결과를 이끌어 내기도 한다. 반대로 흔들리는 눈빛을 가진 사람은 긴장감으로 인해 자신의 능력을 반도 보여 주지 못하고 만다. 가벼운 정도라면 트레이닝으로 극복할 수도 있겠지만, 한계가 있기 때문에 눈빛은 어느 정도까지 성장할 수 있는지를 판가름하는 척도라고 할 수 있다.

아울러 눈빛에는 진정성도 있어야 한다. 스타 아티스트가 되겠다는 간절한 소망만으로는 진정성을 느끼기 부족하다. 지금 무대에서 본인이 하고 있는 노래 및 안무를 이해하고 그에 걸맞는 상상력에 본인의 퍼포먼스를 일치시켰을 때는 그것이 자연스럽게 눈빛과 표정에서 나오기 마련이다. 단순히 긴장을 풀고 간절하게 표현한다고 해서 쉽게 진정성을 느낄 수는 없다.

드문 경우지만 누가 봐도 강한 눈빛을 가진 사람들 중에는 긴장감을 모르는 경우도 가끔 있다. 어떤 가수는 무대에 올라가면 관객이 모두 인형으로 보여 전혀 떨리지 않는다고도 하고, 어떤 가수는 많은 사람들이 자신을 보는 것이 정말 행복해 더 많은 것을 보여 주게 된다고도 말한다. 그런 아티스트들의 눈빛이나 표정은 관객이 아무리 많아도 개의치 않는 의연함을 보여 준다. 스타는 괜히 스타가 아니다. 먼저 눈빛을 보고 표정을 읽자. 꾸준히 눈빛과 표정을 보다 보면 스타가 될 아티스트의 가능성을 좀 더 쉽게 판단할 수 있게 될 것이다.

오디션 현장

4
비스포크
트레이닝

우연히 길에서 캐스팅한 H양을 1년 동안 트레이닝하여 데뷔시켰더니 6개월 안에 스타가 되었고 1년 만에 글로벌 스타가 되었다는 이야기는 동화 속에서나 가능한 이야기다.

신인개발팀 업무에서 캐스팅만큼이나 중요하고 어려운 것이 바로 트레이닝이다. 연습생들은 대부분 하고 싶은 것도 많고 먹고 싶은 것도 많은 10~20대이기 때문에 그런 욕구를 억누르고 연습과 자기관리를 하는 것이 쉽지 않다. 노래나 댄스를 가르치는 트레이너도 중요하지만, 이를 총체적으로 관리하는 신인개발팀의 업무가 더욱 중요한 이유다. 단순히 학원처럼 주입식으로 트레이닝만 하는 게 아니라 언젠가는 아티스트가 되어 전속계약을 체결하고 긴 시간 동안 함께해야 할 동반자로 키워 내는 것이 궁극적인 목표임을 잊어서는 안 된다.

신인개발팀은 연습생이 정해진 스케줄과 연습량을 제대로 이행하는지 반드시 체크해야 한다. 뿐만 아니라 약점을 정확하게 파악해 그에 적합한 트레이닝 전략을 짜고, 만약을 대비해 꼭 스타가 아니어도 사회의 구성원으로서 필요한 언어소양, 기초체력, 사회성, 좋은 인성과 기본적인 학습 능력을 갖추어 평범한 성인이 될 수 있는 밑바탕 또한 만들어 주어야 한다.

전략 트레이닝

효과적인 트레이닝을 위해 가장 중요한 것은 바로 목적을 분명히 하는 일이다. 흔히 착각하는 것 중 하나가 고등학교 3학년 수험생의 시간표처럼 빽빽한 트레이닝이 좋다고 생각하는 것이다.

실제로 이제 막 엔터사에 들어온 연습생들도 다양한 트레이닝으로 꽉 짜여진 시간표가 좋다고 생각하는 경우가 있다. 하지만 무조건적인 트레이닝은 시간 낭비일 뿐 아니라 연습생의 장점을 묻히게 하거나 창의적인 연습에 오히려 방해가 되기도 한다. 그래서 디테일한 사전 평가를 통해, 연습생의 장단점 등을 파악하여 정확하고 효율적인 트레이닝 전략과 스케줄을 짜는 것이 중요하다.

사전 평가는 매우 잘하는 것과 조금 잘하는 것은 물론, 잘할 수 있을 것 같은 것과 결국 못하는 것까지 완벽하게 파악해야 한다. 그래야 어떤 방향으로 성장시킬 것인지 목표를 정하고 이에 따른 제대로 된 전략 트레이닝을 할 수 있다.

트레이닝은 신인개발팀의 업무지만 혼자서 모든 것을 다 파악하고 추진할 수는 없다. 그때는 프로듀서, 제작자 등과 함께 연습생의 능력을 평가하고 충분히 의견을 나누어야 한다. 개인은 물론 그룹이 결성됐을 때도 염두에 두어야 한다. 하나의 팀에 선발된 멤버의 능력치는 저마다 다르다. 보컬의 경우도 녹음형인지 라이브형인지, 댄스도 율동 댄서인지 칼 군무를 잘하는지 등에 따라 같은 팀에서도 받아야 하는 트레이닝이 달라진다.

그룹의 멤버를 구성할 때도 디테일한 전략 트레이닝은 필수다. 비슷한 개성과 캐릭터를 가진 멤버만으로 그룹을 구성한다면 성공하기 어렵다. 예선에는 춤 담당, 외모 담당, 노래 앞부분 담당, 노래 뒷부분 담당, 분위기 담당 등 각자의 역할을 가볍게 정하기도 했는데, 요즘은 여기에 더해 각자의 매력 및 팬들과 소통하는 역할을 나눠서 담당할 수 있게 트레이닝을 하기도 한다. 팀원 간의 소통을 만드는 멤버, 팬들 얘기에 차근차근 잘 설명해 주는 멤버, 기자들의 질문에 논리적으로 잘 대처할 수 있는 멤버, 영어 또는 외국어를 잘하는 멤버, 다소 엉뚱하지만 기발한 멤버 등 각자의 역할을 나누는 것이다. 여기서 주의할 것은 한 가지만 잘해서는 안 된다는 것이다. 춤과 노래 그리고 외모까지 아티스트 수준으로 기본기를 갖추고 그 위에 디테일한 전략 트레이닝으로 독특한 자신만의 매력을 더 쌓아야 캐릭터가 도드라져 보일 수 있다.

최근에는 K-POP이 글로벌화 되면서 다양한 나라의 팬층에 더 어필할 수 있도록 별도의 전략 트레이닝을 하는 경우도 있다. 영어, 중국어, 일본어 등 외국어 트레이닝은 필수적인 요소가 됐으며, 그 나라 팬들에게 좀 더 어필할 수 있는 현지 스타의 댄스 커버나 현지 언어로 K-POP을 재편곡해 트레이닝 시키기도 한다. 글로벌 해외 팬을 모을 수 있도록 다양한 트레이닝 프로그램을 운영하는 곳이 많아지는 추세인 것이다.

이제 아티스트의 무대는 아시아를 넘어선 것은 물론, 유럽과 미주에 이르기까지 국경 없이 계속 넓어지고 있다. 이렇게 다양하고 디테일한 전략 트레이닝 과정이 연습생 초반부터 차근차근 이루어진다면 성공적인 데뷔를 하는 것은 물론, 크게 성장할 수 있는 자신만의 아티스트 캐릭터를 구축하는 데 큰 도움이 될 수 있다. 단, 국내 아티스트를 본 따는 트레이닝은 지양해야 한다. 비슷해지고 싶어 따라 하다 보면 본연의 개성이 퇴색되어 버릴 수도 있기 때문이다.

포인트 트레이닝

다니던 음악학원의 비공개 오디션에 합격해 엔터테인먼트 회사에 처음 들어온 연습생 A양. 담당 신인개발팀 매니저가 준 트레이닝 주말 스케줄을 보고 뿌듯함이 차올랐다. 오전 7시 기상을 시작으로 8시

녹음실 보컬 디렉팅

아침 식사, 9시 필라테스, 10시 춤 연습, 12시 점심 식사, 1시 보컬 연습, 3시 춤 연습, 5시 헬스 등 해야 할 일이 매우 많았기 때문이다. 하루종일 빼곡한 시간표를 보니 몇 달만 연습하면 데뷔할 수 있지 않을까 하는 기대까지 갖게 됐다. 반면 다른 엔터테인먼트 회사에 연습생으로 들어간 친구는 자신의 스케줄은 매우 루즈하다며 A양을 부러워했다. 하지만 현실은 다르다. A양처럼 열심히 그리고 많이 연습하면 빠르게 성장할 것이라고 생각할 수 있지만 이것은 좋은 트레이닝 시간표가 아니다. A양이 잘하는 것과 못하는 것에 대한 인지 없이 연습만 하기 때문이다. 연습생의 트레이닝은 학교에서 성적을 얻는 것과는 다르다. 각자의 매력을 가질 수 있도록 하는 것, 어떤 것이 더 필요한지 알고 그 부분의 능력을 키우는 것, 그런 포인트 트레이닝이 바로 트레이닝의 가장 큰 목표이기도 하다.

위에서 언급한 연습생 A양은 온 힘을 다해 노래와 춤 연습을 했지만 그것이 전부는 아니다. 곧 데뷔를 앞둔 걸그룹의 멤버가 되기 위해서는 먼저 A양의 현재 상태를 파악해야 한다. 다양한 춤을 춰 보고 여러 장르의 노래를 불러 보면서 잘하는 것과 부족한 점을 찾아야 하는 것이다. 그렇게 테스트해 본 결과, A양은 칼 군무에는 좀 약했지만 귀엽고 앙증맞은 퍼포먼스를 할 때 매력적이었다. 또, 조용한 노래보다는 내지르는 창법에 강해 메인 보컬에 어울린다는 것이 보컬 트레이너와 프로듀서의 평가였다. 그래서 A양은 군무 연습과 함께 개인기를 기를 수 있는 재즈댄스를 수정된 트레이닝 시간표에 넣었고, 성량을 키우기 위해 다이나믹 마이크를 사용한 라이브 적응 보컬 트레이닝 시간도 추가했다.

효율적인 트레이닝 시간표를 만들었다면 그 시간을 어떻게 활용할 것인지 디테일하게 정하는 것도 신인개발팀의 업무에 속한다. 1시간 동안 보컬 연습, 2시간 동안 춤 연습은 의미 없이 지나가기 쉽다. 보컬은 퀸의 노래 중 하나를, 춤은 최근 인기 있는 안무 중 하나를 이번 주까지 완벽하게 커버하기 등 구체적으로 목표를 정해야 효율성 높은 시간을 보낼 수 있다. 트레이너는 그 과정에서 연습생이 자신의 개성을 가지고 성장할 수 있도록 고쳐야 할 부분을 알려 주어야 한다. 이렇게 충분히 연습하고 일정 기간이 지난 뒤, 오디션을 보는 것처럼 무대에서 테스트를 한다면 더할 나위 없이 좋다.

다른 회사의 연습생 혹은 신인개발팀에서 일하는 사람을 만났다면 연습생들이 트레이닝을 얼마나 많이 하는지 물어보는 대신 무엇을 목표로 연습하는지 물어보자. 이번 달에 어떤 노래와 거기에 맞는 4분짜리 창작안무를 만들어서 무대를 완벽히 꾸며 보는 것이 목표라고 구체적으로 이야기하는 연습생이 있다면 제대로 연습을 하고 있는 것이다.

중요한 것은 여러 가지를 하는 것이 아니라 꼭 필요한 하나를 하는 것이다. 아울러 연습생들이 치열하게 노력할 수 있는 환경을 만들어 주는 것도 필수다. 선의의 경쟁을 할 수 있는 분위기, 대충 해서는 데뷔할 수 없다는 분위기를 만들어야 회사도 연습생도 모두 윈윈할 수 있다.

트레이닝 스케줄표

시간	월	화	수
		평가	
11:00~12:00	[단체 연습] 안무실B (11:00~16:00)	[단체 연습] 안무실B (11:00~15:00)	[개인 연습] 안무실B, 보컬룸1~3,7~9 (11:00~13:00)
12:00~13:00			
13:00~14:00			[단체 연습] 안무실D (13:00~16:00)
14:00~15:00			
15:00~16:00		[평가 리허설] 안무실B (15:00~17:00)	
16:00~17:00	[평가점검] 안무실B (17:00~18:00)		[개인 연습] 보컬룸1~3,7~9 (16:00~17:00)
17:00~18:00	저녁시간 및 청소 (17:00~18:00)	[평가] 안무실B (17:00~18:00)	저녁시간 및 청소 (17:00~18:00)
18:00~19:00	[단체 연습] 안무실B (18:00~22:00)	저녁시간 및 청소 (17:00~18:00)	[개인 연습] 보컬룸1~3,7~9 (18:00~20:00)
19:00~20:00		[개인 연습] 보컬룸 1~3,7~9 (19:00~20:00)	
20:00~21:00		[녹음 레슨] 작업실 (20:00~22:00) / [개인 연습] 보컬룸 1~3,7~9 (20:00~22:00)	[댄스 레슨] 안무실B (20:00~22:00)
21:00~22:00			

* 출/퇴근, 연습 시작/종료, 식사 시간, 청소 상태 등 보고 철저히 하기
* 담당 청소 구역 1일 1회 청소 필수, 그 외 연습실/탕비실/사물함 사용 직후 정리
* 청소 후 현황표에 작성 필수
* 개인 일정(병원, 학교 그 외)은 반드시 담당 직원과 사전 상의 후 진행
* 트레이닝 및 스케줄 관련 사항은 대외비 (외부 유출 금지!)

* 독서미션 진행
* ○월 ○주차 평가 (미정)
* ○월 중 : 콘텐츠 촬영 (일정 미정)

목	금	토
		인바디 검사 (대회의실)
[개인 연습] 보컬룸1~3,7~9 (11:00~13:00)	[개인 연습] 보컬룸1~3,7~9 (11:00~13:00)	자율 연습 (연습실 필요 시, 연락 必)
[단체 연습] 안무실B (13:00~15:00)	[단체 연습] 안무실B (13:00~15:00)	인바디 검사 (대회의실) / [단체 연습] 안무실D (13:00~15:00)
[개인 연습] 보컬룸1~3,7~9 (15:00~17:00)	[보컬 레슨] 안무실D (15:00~20:00) / [개인 연습] 보컬룸1~3,7~9 (15:00~20:00)	[댄스 레슨] 안무실D (15:00~17:00)
저녁시간 및 청소 (17:00~18:00)	저녁시간 (교대) (17:00~19:00)	저녁시간 및 청소 (17:00~18:00)
[개인 연습] 보컬룸1~3,7~9 (18:00~20:00)		[개인 연습] 보컬룸 1~3,7~9 (18:00~20:00)
[녹음 레슨] 작업실 (20:00~22:00) / [개인 연습] 보컬룸9, 안무실B (20:00~22:00)	[단체 연습] 안무실B (20:00~22:00)	자율 연습 (연습실 필요 시, 연락 必)

정기 평가(개인, 팀)

신인개발팀의 중요한 업무 중 하나는 연습생들에 대한 평가다. 연습생들이 자신의 능력에 걸맞는 효율적인 시간표를 짜고, 목표를 제대로 달성하고 있는지 주기적으로 점검하고 평가해야 한다. 보통 일주일에 한 번은 담당 매니저와 스태프들이 하는 중간점검과 예비평가, 한 달에 한 번은 프로듀서나 대표 등 결정권자들과 함께 하는 정기평가가 있다. 이러한 평가를 통해 연습생들은 방향 설정과 목표를 확인하고, 적당한 긴장감을 유지하며 꾸준히 조금씩 성장할 수 있게 된다.

개인도 팀도 평가서는 구체적일수록 좋다. 각각의 평가서에는 트레이닝에 임하는 자세, 담당 트레이너의 수업평가, 주·월 단위의 성취도 평가 그리고 인성이나 숙소 생활 등에 대한 평가도 들어가야 한다. 또 이 평가를 담당 트레이너 및 신인개발팀 스태프, 프로듀서와 제작자도 함께 공유하면서 꾸준한 관심과 애정을 쏟아야 연습생들의 빠른 성장과 좋은 결과를 얻을 수 있다.

신인개발팀 스태프는 연습생들과 매우 친밀한 관계를 가지고 있다. 정기적인 상담을 통해 연습은 어떤지, 숙소 생활이나 연습생 사이의 문제점은 없는지 항상 살피며 관리를 해 주어야 한다. 연습생들은 감성적인 부분이 매우 강한 친구들이 많기 때문에 진심 어린 관심과 애정은 그들이 연습에 더 몰입하는 데 큰 도움이 된다. 그들의 얘기를 들어주며 나오는 많은 아이디어들이 결국 좋은 콘텐츠가 될 수도 있다.

정기적인 상담을 통해 연습생 사이의 갈등이나 문제점을 미리 파악하여 해결하려는 노력도 필수다. 개인으로는 잘하는데 팀으로는 실력을 발휘하지 못하는 경우가 있다. 이때 여러 가지 이유가 있겠지만 멤버 간 소통이 부족한 경우가 가장 크다. 그렇다면 팀 내 소통이 안되는 것 역시 상담을 통해 문제를 해결해야 한다. 그냥 두면 점점 더 악화되어 팀 전체가 망가질 수도 있다.

팀웍이 잘 형성되지 않는 연습생들과의 상담을 통해 연습생들에게 직접 팀 멤버와 무대의 구성을 짜 보게 했던 적이 있다. 그런 과정에서 누가 적극적이고 소극적인지, 누가 리더십을 가지고 있는지 알 수 있었다. 가끔은 작은 다툼도 있을 수 있지만, 갈등을 해소하는 과정을 통해 그동안 몰랐던 장단점을 캐치할 수 있는 소중한 기회가 된 것이다. 때로는 실제로 전혀 어울릴 것 같지 않았던 두 명이 한 팀이 돼 시너지효과를 내면서 뜻밖의 좋은 결과를 만들어 내기도 한다.

2월 2주차 평가 | 개인곡 평가

2020년 2월 11일 화요일 오후7시 | RBW 안무실B

1. 박지은 Park Ji Eun   보컬+댄스

Vocal No tears left to cry (Ariana Grande)
Dance 7 Rings (Ariana Grande)

2. 나고은 Na Go Eun   보컬+댄스

Vocal Square (백예린)
Dance Yonce (Beyonce)

3. 장은성 Jang Eun Seong   보컬+댄스

Vocal Bouncin (Kiana Lede)
Dance Babyface Savage

4. 조서영 Cho Seo Young   보컬+댄스

Vocal Thinking 'bout you (Dua Lipa)
Dance Don't let me down (The Chainsmokers)

5. 모리 코유키 Mori Koyuki   랩+댄스

Vocal Randy MO$$ (Kid Ink)
Dance Fearless ones (The Quiet 외 3인)

6. 박수진 Park Su Jin   보컬+댄스

Vocal Say Something (The great big world)
Dance Senorita (Camila Cabello)

매월 1회 정기평가서

2월 2주차 평가 | 개인곡 평가

박지은 Park Ji Eun

Vocal No tears left to cry (Ariana Grande) **Dance** 7 Rings (Ariana Grande)

Age 24세 (1997년생) **Height** 168cm

Comment

나고은 Na Go Eun

Vocal Square (백예린) **Dance** Yonce (Beyonce)

Age 22세 (1999년생) **Height** 160cm

Comment

장은성 Jang Eun Seong

Vocal Bouncin (Kiana Lede) **Dance** Babyface Savage

Age 21세 (2000년생) **Height** 163cm

Comment

매월 1회 정기평가서

2월 2주차 평가 | 개인곡 평가

조서영 Cho Seo Young

Vocal Thinking 'bout you (Dua Lipa)

Dance Don't let me down (The Chainsmokers)

Age 19세 (2002년생)　　　　　　　　**Height** 163cm

Comment

모리 코유키 Mori Koyuki

Vocal Randy MO$$ (Kid Ink)　　　　　**Dance** Fearless ones (The Quiet 외 3인)

Age 19세 (2002년생)　　　　　　　　**Height** 164cm

Comment

박수진 Park Su Jin

Vocal Say Something (The great big world)　　**Dance** Senorita (Camila Cabello)

Age 18세 (2003년생)　　　　　　　　**Height** 165cm

Comment

매월 1회 정기평가서

5
능력보다 소통,
트레이너의 자질

신인개발팀은 연습생의 실력에 따라 맞춤식 트레이닝 전략을 짜고, 연습생과 트레이너의 스케줄을 조절하는 등 전체 트레이닝 프로그램을 만들고 운영하는 역할을 기본으로 한다. 이때 트레이너들은 연습생들에게 보컬과 댄스 등의 레슨, 더 나아가서는 무대 동선을 함께 맞추면서 아티스트에게 필요한 실질적인 스킬이나 역량을 키우는 일에 직접 투입되는 전문가라고 할 수 있다. 최적의 트레이너를 배치하고 투입하는 것 역시 신인개발팀의 스태프에게 필요한 역할 중 하나다.

신인개발팀에서 예비 아티스트들에게 트레이너를 배치할 때 잊지말아야 할 것이 하나 있다. 자신의 분야에서 뛰어난 커리어를 가지고 있다고 해서 연습생 트레이닝에 100% 성공을 장담할 수 없다는 점이다. 트레이너가 갖춰야 할 조건 중 첫 번째는 소통이다. 어떤 분야나 함께 일하는 사람과의 소통은 매우 중요하듯, 마찬가지로 연습생과 트레이너와의 관계에서도 역시 소통이 매우 중요하다. 트레이너는 연습생이 가지고 있는 장점을 최대한 끌어낼 수 있도록 함께 고민하고 노력해 주는 적극적인 마인드를 갖추고 있어야 한다. 또 독단적인 트레이닝보다는 트렌드에 맞춰 변화하는 트레이닝을 할 수 있는 능동적이며 열린 자세가 필요하다.

엔터사의 연습생은 곧 프로가 될 아티스트 전 단계의 원석이다. 하지만 아직 그들은 데뷔 여부 그리고 성공 여부가 분명하지 않아 불안한 상태일 수 있다. 때문에 그들의 자신감을 북돋아 주고 감싸 줄 수 있으며 함께 파이팅하고 애써 줄 수 있는 따뜻한 마인드를 가진 트레이너가 필요하다.

그래서 신인개발팀은 잘 가르치기만 하는 트레이너보다는 연습생과 소통하면서 가장 가까운 곳에서 더 좋은 음악, 더 멋진 무대를 연구할 수 있는 트레이너를 선택해야 한다. 그렇게 해야 연습생들의 가능성을 더 높일 수 있고 그들의 성공 확률을 높일 수 있다.

트레이너 선택

연습생을 지도하는 트레이너는 회사 소속인 경우도 있지만, 일정 기간만 고용하거나 초빙하는 프리랜서인 경우도 많다. 소속이나 계약 여부와 무관하게 연습생과 트레이너의 소통은 매우 중요하다. 트레이너는 애정을 가지고 연습생을 가르치고, 연습생은 트레이너를 믿고 따라야 좋은 성과를 얻을 확률이 높아지기 때문이다. 결국 트레이너의 기본은 소통과 성실함 그리고 진정성이다. 이를 기본으로 한 이후에야 트레이너의 노하우와 스킬이 제대로 작용할 수 있다.

위에서 언급한 대로 노래를 잘하는 트레이너가 보컬 트레이닝을 잘하는 것은 아니다. 댄스 실력이 출중하다 해서 좋은 댄스 트레이너가 되는 것도 아니다. 실력이 다소 부족한 트레이너라고 할지라도 디테일하고 꼼꼼하게 연습생의 부족한 부분을 제대로 판단하고 설명해 주며, 완벽해질 때까지 반복적으로 연습시킬 때 연습생의 성장에 더 효과적이다. 아무리 뛰어난 실력의 트레이너라도 연습생의 실력 향상을 위한 성실과 진정성이 부족하다면 도움이 되지 않을 수 있는 것이다.

뛰어난 보컬 실력을 가진 연습생의 경우, 과도한 자신감으로 격하게 표현하는 부분들을 잡아내 진정시켜 주고, 장점은 중점적으로 더 높여 목소리를 더 아름답고 돋보이게 강조시켜 줄 때 효율적이다. 연습생의 자신감은 좋은 부분도 있지만, 오히려 독이 되어 돌아올 양면성이 있다. 이를 적절히 조율해 기복 없이 차분하게 좋은 컨디션을 유지하는 연습도 꾸준히 해야 한다. 또한 트레이너는 연습생이 자신 있어 하는 부분뿐만 아니라, 자신도 모르는 매력적인 목소리를 찾아낼 수 있도록 깊이 고민해야 한다. 반복적인 녹음과 다양한 장르에 대한 실험적인 커버 등을 진행하여 무대에서의 능수능란한 여유까지 가르칠 수 있다면 베스트다.

　모든 연습생이 메인 보컬리스트일 필요는 없다. 때문에 보컬 실력이 메인이 아닌 연습생을 트레이닝하는 경우에는 방식도 달라야 한다. 강도 높은 보컬 연습보다는 해결 가능할 부분을 찾아내고 그 부분을 집중적으로 연습시켜 자기 파트를 잘 가져갈 수 있게 도와주는 것이 좋다. 높은 노트의 음은 제대로 발성할 수 없다고 해도 벌스 부분의 나지막한 목소리와 발음을 가장 좋은 분위기로 찾아내 준다면 중요한 역할을 톡톡히 했다고 할 수 있다.

　장르, 상황에 따라서도 트레이너가 달라져야 한다. 이처럼 신인개발팀에서는 다양한 분야의 실력 있는 트레이너 프로필을 가지고 있다가 각 연습생에게 맞는 트레이너를 매칭해야 한다.

　물론, 연습생과 잘 맞는 트레이너를 매칭해 주는 데에서 끝나서는 안 된다. 효과적인 트레이닝을 하고 있는지 신인개발팀의 입장에서 트레이너를 평가하는 것 역시 중요하다. 이 평가는 대학생들이 교수를 평가하듯이 신인개발팀이나 제작자의 입장은 물론 연습생의 입장에서도 이루어져야 한다. 이때 간과해서는 안 될 것이 있다. 바로 트레이너 역시 아티스트 범주에 있을 확률이 높다는 것이다. 엔터사의 트레이너는 아티스트보다는 스태프에 가깝지만, 한때 아티스트였거나 현재도 아티스트일 수 있다. 그래서 딱딱하고 논리적인 지시나 지휘보다는 그들의 특성을 충분히 파악하며 부드러운 소통과 대화로, 연습생의 미래와 그들의 꿈에 대해 소통하며 네트워킹을 유지하는 것이 적절하다.

스테이지, 실전을 준비하라

연습실에서는 누구보다 뛰어난 실력을 발휘하는 B군. 하지만 무대에만 가면 평소와 달리 긴장해서 실력 발휘를 하지 못한다. 연습할 때처럼 하라고 조언하지만 말 그대로 조언일 뿐, B군은 긴장 때문에 돋보이지 못하고 최종에서 늘 떨어지곤 한다. B군 자신을 비롯해 모두가 안타까워하지만 이를 극복하는 것은 쉽지 않다.

무대에서의 실력, 이것이 바로 연습생과 아티스트의 차이점이다. 무대에서 잘하느냐 못하느냐가 프로를 가르는 기준이 되는 것이다. 연습생을 아티스트로 만들기 위해서는 실전훈련을 반복하고 또 반복해서 긴장감을 없애고 무대를 즐길 방법을 깨닫게 해 주어야 한다. 이를 위해 실전 트레이닝의 일환으로 사전에 알리지 않고 무대에서 연습을 할 때가 있다. 가끔은 좀 더 리얼한 실전 훈련을 하기 위해 관객을 데려오거나 마이크, 조명, 앰프 등을 다양하게 활용하기도 한다. 물론 연습생들은 당황하지만 예상치 못한 상황에 적응하는 것은 트레이닝에서 필수다. 실제 데뷔를 하고 무대에 오르게 될 때는 매번 상황이 달라지기 때문이다.

무대는 매번 다르다. 크기와 높이는 물론, 조명, 스피커, 관객 등 어느 하나도 같은 것이 없다. 그때마다 새롭게 적응하느라 긴장한다면 프로라고 할 수 없다. 그래서 연습생 때 실전훈련을 충분히 해서 언제 어디서라도 일정한 수준의 무대 실력을 갖출 수 있도록 해야 한다. 이를 위해 가끔은 무대나 연습실이 아닌 색다른 환경을 만들기도 한다. MR을 끌 때도 있고 낯선 공간에서 버스킹을 하기도 한다. 심지어 일부러 반응이 없는 무대를 골라 내보내기도 한다. 일종의 '담력 훈련'이라고도 할 수 있는데, 낯선 무대와 갑작스런 상황에 익숙해져야 하는 점은 아티스트로서 반드시 필요한 부분이다.

녹음실과 콘서트장이라는 환경에서는 보컬 실력 역시 빠르게 성장할 수 있다. 녹음실 안에서 자신의 목소리와 노래를 집중해서 들을 수 있을 뿐 아니라, 녹음실 밖에서 자신을 지켜보는 사람들을 의식하는 것 역시 트레이닝의 일부가 된다. 반복적으로 파트를 녹음하면서 느끼는 좌절감과 그걸 해결해 나가면서 깨닫게 되는 작은 노하우들이 모여 결국 아티스트의 진짜 실력과 탄탄한 밑바탕이 만들어지는 것이다.

콘서트에서 연주자들과 맞춰 노래를 불러 보는 것 역시 녹음실만큼이나 자신의 장단점을 빠르게 파악하고 발전시킬 수 있는 효과적인 방법이다. 협연은 본인이 실수를 하면 남에게 민폐를 끼치게 되기에 더욱 긴장되고 어렵게 느껴지는 일이다. 또 과도한 자신감으로 혼자 튀거나 과도하게 앞으로 나서는 행동은 무대의 조화를 깨고, 결국 전체가 망가지게 된다. 여러 연주자와 눈높이를 맞추며, 그들 사이에서 조화롭게 노래하고 무대를 꾸미는 법을 배워야만 진짜 아티스트, 진짜 프로가 될 수 있다. 그래서 협연할 수 있는 합주실, 콘서트장 등의 장소는 가장 좋은 연습 장소가 된다. 관객까지 있다면 더더욱 좋은 연습이 될 수 있다.

연습생이 성장하기 위한 가장 좋은 방법 중 첫 번째는 앞에서도 언급한 것처럼 다른 가수의 노래를 커버하는 것이다. 같은 노래를 수없이 듣고 그 레퍼런스를 이해하고 따라 부르다 보면 자신의 능력치를 제대로 알 수 있기 때문이다. 두 번째는 아무도 부른 적 없는 노래를 불러 보는 것이다. 그 노래를 아는 사람은 작곡가와 지금 부르고 있는 자신뿐이기 때문에 노래를 한 마디 한 마디 부르는 것 자체가 창의성을 높이는 작업이 된다. 세 번째는 작곡가의 디렉팅을 내 스타일로 해석하고 받아들이는 것이다. 작곡가의 의도를 재해석해 디렉팅과 다른 방향으로 부르면서 이를 설득시키는 과정 역시 어렵지만 중요한 트레이닝이 될 수 있다.

보컬 디렉팅과 관련해 인상적인 에피소드가 있다. 어느 작곡가가 노래 실력으로 유명한 가수에게 '오렌지색' 혹은 '노를 젓듯이'라는 디렉팅을 했는데, 그 가수가 실제로 오렌지색, 노 젓는 느낌이 들게 불렀다는 것이다. 이렇게 모호한 디렉팅을 듣고 그 느낌을 제대로 살려 부르는 것은 천재적인 재능보다는 다양하고 디테일한 표현을 많이 경험하고 연습했기 때문일 가능성이 높다. 새로운 악보를 보고 새로운 노래를 부르는 것은 쉬운 일이 아니며, 그 의도를 이해하는 것은 더욱 어렵다. 작곡가 혹은 트레이너의 디렉팅에 따라 연습하고 녹음해 나가는 프로덕션의 과정 하나하나가 바로 실력 향상의 지름길이고, 신인개발팀이 함께 가야 할 길인 것이다.

6
춤, 노래, 끼만큼 중요한 인성과 상식

오디션 프로그램 등으로 인기를 얻은 아티스트 중 학창 시절 문제로 제대로 데뷔를 하지 못하는 경우가 종종 있다. 팬의 입장에서는 안타깝지만 본인의 과거에 대한 책임이므로 누구도 원망할 수는 없다. 엔터사의 연습생 역시 마찬가지다. 높은 경쟁률을 뚫고 연습생이 되어 몇 년 동안 연습했는데, 데뷔를 앞두고 좋지 않은 이슈가 터진다면 쉽사리 회복하기 어렵다.

아티스트는 좋은 스토리를 만들고 그 스토리로 팬들의 사랑을 받고 사는 직업이다. 그래서 팬들에게 긍정적인 영향을 미쳐야 한다는 암묵적인 책임과 역할을 가지고 있다. 그러므로 연습생을 선발할 때 인성은 매우 중요한 판단 요소가 된다. 만약 오디션 등 캐스팅 과정에서 과거에 인성과 관련된 큰 잘못이나 실수를 알게 된다면 연습생으로 선발할 것인지에 대해 신중하게 다시 검토해야 한다. 이를 제내로 살펴보지 않으면 데뷔 이후 큰 문제가 될 수 있기 때문이다.

오랫동안 노력한 그룹이 데뷔한 지 얼마 되지도 않아 멤버 한 명의 과거 인성 문제로 구설수에 올라 해체까지 하게 된다면, 그 누구도 책임질 수 없을 만큼 큰 손해로 이어질 수밖에 없다.

재능보다 인성

춤과 노래 혹은 끼보다도 중요하다고 할 수 있는 인성을 보기 위해서는 살펴봐야 할 것이 많다. 가정생활, 부모님 및 친구와의 관계는 기본이며, 성격에 모난 부분이 있는지, 기본적인 예의를 갖추었는지, 일반적인 사회성을 가지고 있는지 등도 모두 살펴봐야 한다. 즉 기본 인성이 도덕적인지를 반드시 살펴야 한다.

이렇게 확인된 인성을 바탕으로 데뷔 후까지 꾸준히 관리하는 것은 신인개발팀에서 반드시 해야 하는 일 중 하나다. 보통 연습생 생활을 시작하는 나이가 10대이기 때문에 아직은 완전한 사회성이 형성되지 않은 경우가 많다. 말실수나 돌발행동을 할 수도 있기에 올바른 생각을 할 수 있는 인성 교육은 필수다.

연습생뿐만 아니라 연습생의 부모님과도 꾸준히 소통하면서 집이나 학교 등에서의 생활까지도 꼼꼼히 관리해야 한다. 자녀들을 아티스트로 키우고자 하는 부모들의 관심이나 개입이 과도한 경우도 가끔 있지만, 자녀를 사랑하는 마음과 그들을 성공시키는 데 하나라도 더 돕고 싶어 하는 서포터즈라는 점은 분명하기 때문이다. 신인개발팀에서는 부모들의 특성에 따라 적당한 관계를 유지하고 소통하면서, 가정과 학교에서도 제대로 생활하고 있는지, 건강에 대한 문제는 없는지, 연습생 생활에서 혹시 모를 스트레스가 크진 않은지 등 지속적으로 챙기는 센스가 필요하다.

생활 관리

오랜 연습생 시절이 끝나고 팀 구성까지 마친 뒤 데뷔를 앞두고 있는 걸그룹이 있다고 해 보자. 이들의 성공적인 데뷔와 활동을 위해서는 팀워크가 필수이고, 이를 위해서는 함께 생활하는 과정이 꼭 필요하다. 그러나 한창 예민한 나이의 아티스트들이 한곳에서, 그것도 여러 명이 함께 생활한다는 것은 쉽지 않은 일이다. 게다가 숙소 생활의 의미는 회사에서 생활은 물론 스케줄까지 모두 관리하겠다는 것이기 때문에 아티스트도 회사도 신중하게 결정할 필요가 있다. 숙소 생활을 한다는 것은 24시간 모니터링이 가능하다는 장점이 있지만, 그만큼 문제가 생길 가능성도 높아진다는 뜻이다.

RBW에서는, 집이 너무 멀어서 출퇴근이 불가능한 경우를 제외하고는 전속계약을 하거나 어느 정도 멤버가 결정돼 데뷔가 확정적인 경우에만 숙소에 입소한다. 숙소 생활을 전담하는 직원을 배치해 다이어트를 위한 식단과 일상생활까지도 꼼꼼하게 관리하며, 정해진 스케줄을 모두 성실하고 책임감 있게 진행하도록 교육 및 관리를 하고 있다.

꼼꼼히 관리한다고는 하지만 하고 싶은 것, 먹고 싶은 것이 한창 많을 나이에 엄격한 관리를 하는 것은 쉽지 않은 게 사실이다. 그래서 숙소 생활 중에는 먹는 것이 문제가 되는 경우가 많다. 바나나, 고구마, 우유, 두부 등의 다이어트 식단을 지키지 않고 몰래 간식을 먹다가 걸리는 것은 비단 RBW뿐만 아니라 여러 엔터사에서도 비일비재한 일이다.

연습생들은 이미 날씬하고 예쁘지만 더 다이어트를 하고 예뻐져야 하는 미션에 힘들어하고 좌절하는 모습을 자주 드러낸다. 치열한 경쟁 속에서 남들보다 앞서 나가 작은 차이라도 만들어 내기 위해서는 외적인 노력도 너무 중요하기 때문에 어쩔 수 없는 일이긴 하다. 이런 점을 고려하더라도 쉽지 않은 길을 택한 아티스트들이 실수를 할 때조차 그들의 노력을 가볍게 여기지 않고 성공에 더 가까이 갈 수 있도록 격려해 주는 것은 꼭 필요한 일이다.

연습생과 관련된 재미있지만 슬픈 에피소드가 하나 있다. 한 연습생의 체중을 쟀는데 전날보다 0.5kg이 늘어나 있었다. 체중을 감량해야 하는 상황이었기 때문에 그날 식사로는 바나나 한 개와 다이어트 특별식만 먹었는데, 빠져야 할 체중이 늘어난 것이었다.

먹은 게 없는데 체중이 늘었다는 미스테리한 상황이었는데, 연습생은 결국 진실을 고백했다. 밤에 몰래 나가 편의점에서 라면과 과자를 먹었다는 것이었다. "아무것도 안 먹었는데 늘었어요."는 무조건 거짓말이지만, 그 과정을 최대한 부드러우면서도 단호하게 넘어가는 것도 신인개발팀으로서 가져야 할 역량이다.

다이어트에 대해 냉정하게 대하더라도 배고파하는 연습생들을 볼 때면 마음이 약해질 수도 있다. 하지만 팬들과 대중에게 자신 있는 모습을 보이기 위해 엄격한 식단조절은 필수다. 걸그룹 숙소에 가스레인지가 연결되어 있지 않다거나 냉면이나 국수 한 그릇을 여러 명의 멤버가 나눠 먹었다는 일화는 흔히 들을 수 있는 얘기다. 결국 카메라에 최적화된 얼굴과 몸매를 갖추기 위해서는 다이어트를 비롯한 자기관리는 필수일 수밖에 없다. 재미있는 사실은 일단 데뷔를 하고 연예계 경력이 쌓이면 그때는 누가 시키지 않아도 다이어트를 하게 된다는 점이다. 텔레비전을 볼 때마다 얼굴이 부어 보이는 자신의 모습을 보면 알아서 다이어트를 시작하게 되는 것이다. 인터넷 댓글에서 볼 수 있는 팬들의 혹평도 아티스트를 현재 이상의 다음 레벨까지 승급시키는 빠른 촉매제가 되기도 한다.

아직 10~20대인 연습생들이 알아서 자신을 관리하는 것은 쉽지 않다. 연습생에게는 시간과 장소에 상관없이 생활하는 내내 몸과 마음까지 관리 및 트레이닝을 받고 그에 익숙해지는 것이 가장 중요할 것이다. 그러므로 한 명의 연습생이 실력과 외모, 인성 모든 것을 갖춘 아티스트가 될 수 있도록 노력하게 하는 것이 신인개발팀에서 해야 하는 중요한 업무다.

연습생과 아티스트들에게 다이어트는 필수라고 말하지만, 그게 쉽지 않다는 것은 누구나 알고 있다. "지금 조금만 포기하면 더 큰 보람과 미래가 올 거야."라고 말하면서도 속으로는 '현재를 진심으로 행복하게 살고 싶다면 맛있는 음식을 어떻게 참을 수 있을까?'라고 생각할 수도 있다. 아티스트를 꿈꾼다는 것은 이처럼 어렵고 힘든 길이기에 그들의 마음을 알아주는 것은 신인개발팀에게 있어 매우 중요한 부분이다.

아티스트는 짧지만 인생은 길다

연습생 중에는 노래나 춤만 잘하면 다 된다는 생각으로 학교 공부에서 손을 떼는 경우도 간혹 있다. 그러나 이것은 매우 위험한 생각이다. 노래와 춤도 정말 중요하지만 성공하고 오랫동안 아티스트로서 사회생활을 영위하기 위해서는 기본적인 상식과 예절, 사회 전반에 걸친 기본 지식이 반드시 필요하다.

미디어가 다양해지고 아티스트 간의 경쟁, 방송 프로그램 간의 경쟁이 치열해지면서 아티스트들에게 다양한 볼거리, 다양한 재능과 지식을 요구하는 프로그램들이 매우 많아졌다. 자연히 아티스트 또한 방송을 출연하는 하나의 스태프로서 프로듀서, 방송작가, 촬영감독 등 스

아침	현미밥, 닭가슴살 구이, 계절나물, 데친 브로콜리
점심	현미밥, 닭가슴살 구이, 양배추와 파프리카 샐러드, 아몬드
저녁	고구마, 달걀, 양배추와 파프리카 샐러드

A그룹의 다이어트 식단표

태프들과 함께 소통하고 의견을 나누게 되는데, 잘 정리된 생각과 조리 있는 말솜씨가 갖춰져 있어야 좋은 성과를 낼 수 있다.

아티스트는 짧지만 인생은 길다는 것 역시 공부가 필요한 이유 중 하나다. 안타까운 일이지만 아티스트의 생명은 짧은 경우가 많다. 데뷔가 빠른 만큼 은퇴 시기도 빠른 것. 아이돌 그룹의 수명을 10년으로 보면 아무리 활발하게 일한다 해도 참 짧은 시간이다. 그 10년의 아티스트 생활을 바탕으로 훨씬 더 오랜 기간을 사회생활도 하고 일도 하며 살아가야 한다. 그래서 아티스트 이후의 삶, 일반인의 삶을 시작하기 위해 다양한 가능성을 준비해 두는 것은 선택이 아닌 필수다.

물론 10년의 아이돌 생활 이후에 연기자, 혹은 방송인으로 계속 연예인의 삶을 살 수도 있겠지만, 모두가 그렇게 되는 것은 아니다. 1, 2세대 아이돌들이 7년의 전속계약이 끝나고 해체된 후, 소리 소문 없이 사라진 경우를 너무 쉽게 찾아볼 수 있다.

은퇴 후의 삶을 행복하게 살기 위해서는 기본적인 소양은 물론, 할 수 있는 일을 미리 찾아서 준비해 두는 것이 좋다. 이를 위해 아무리 바빠도 자신에게 투자하는 시간, 공부하는 시간은 반드시 필요하다. 연습생 기간에 책을 읽히고 독후감을 쓰게 하면서, 간접경험을 통해 세상 보는 눈을 넓힐 수 있도록 돕는 것도 좋은 공부가 될 수 있다.

그래서 RBW에서는 연습생 및 아티스트들에게 인문학적인 소양과 경제 상식 등을 쌓을 수 있도록 꾸준히 노력하고 있다. 비록 어린 그들이 이러한 교육이 얼마나 중요하고 필수적인지 바로 깨닫지는 못하더라도 회사 및 신인개발팀은 반드시 노력해야 한다.

마마무가 데뷔하고 멤버들의 첫 번째 수입이 정산된 직후, RBW에서는 주거래 은행에 정기적금 통장을 만들게 하고 보험 상품 교육을 듣게 했다. 아직까지 그들이 그 통장을 잘 관리하고 있는지는 알 수 없지만, 어린 나이에 배운 금융 정보는 도움이 되었을 것이라고 생각한다.

결국 제작사, 회사, 신인개발팀에서 하는 연습생 트레이닝은 미래의 스타를 만들기 위한 것만이 아니다. 어떤 특성을 가진 직업인지를 알려주면서 아티스트로서의 긴 인생에 관한 길라잡이 역할도 해야 하는 것이다.

7
커리어를 위한
마인드 컨트롤

많은 사람들이 사회생활을 하면서 가장 힘든 것으로 인간관계를 꼽는다. 신인개발팀에서 일하는 직원 역시 마찬가지다. 함께 일하는 동료들과도 잘 지내야 하지만, 아티스트를 꿈꾸는 개성 강한 연습생들과 함께하는 것 역시 쉬운 일이 아니다. 마냥 좋은 관계도 너무 불편한 관계도 아닌, 적당한 거리를 두고 있어야 하기 때문이다.

게다가 감정이 풍부한 아티스트를 대하는 일이 많기 때문에 늘 평정심을 유지하고 합리적인 판단을 할 수 있도록 마인드 컨트롤 능력이 필요하다. 평정심을 바탕으로 업무를 해야만 아티스트들과 잘 지낼 수도 있고, 결국 그 아티스트가 스타가 되었을 때 본인의 커리어 또한 성공적으로 업그레이드 될 수 있는 것이다.

애정 어린 마음가짐

대학을 졸업하고 취업준비생이 돼도 하고 싶은 일을 찾지 못한 경우가 많은 요즘, 빠르면 중학생 때부터 자신의 꿈을 정하고 노력하는 아티스트 연습생들은 무서운 야망가라고 할 수 있다. 간혹 철없는 연예인 지망생으로 보기도 하지만, 어린 나이에 가수로서 성공하겠다는 야망을 갖고 노력하는 것은 결코 만만히 볼 수 있는 일이 아니다.

꿈과 목표를 위해 노력한다 하더라도 이들은 아직 10대의 어린 나이에 불과하다. 그래서 자기주장이 강한 아이들을 관리하는 이들에게 있어 따뜻한 애정을 가진 엄마의 마음은 필수다. 애정이 바탕이 되지 않으면 자칫 연습생들의 행동에 상처를 받을 수도 있고, 기분이 상하게 되면 그들의 장점을 찾아야 할 때 단점만 계속 보이게 되어 일을 그르칠 수도 있다. 인간은 결국 감정의 동물이라 보려고 하면 보이지만 안 보려고 하면 보이지 않는다. 따뜻한 애정 없이는 이들의 트레이닝이 당연히 어려울 수밖에 없으며, 기본적인 관리도 쉽지 않을 수 있다.

신인개발팀에서 일할 때는 엄마 같은 마음, 즉 따뜻한 관심과 애정 그리고 끈기와 참을성으로 연습생들을 바라보면서 그들이 더 잘될 수 있도록 성공을 돕는 보조자라는 자세를 한시라도 잊으면 안 된다. 결국 그들이 올바르게 성장하고 실력을 쌓을 수 있도록 훌륭하면서도 따뜻한 길라잡이가 되어야 우수한 아티스트를 배출할 수 있다.

객관적인 비평가

연습생들을 관리할 때는 애정이 기본이 되어야 하지만, 연습생들의 성장을 위해서는 선하게만 대해서는 안 된다. 긍정적인 시선을 기본으로 하면서, 철두철미한 원칙이 있는 비평가가 되어야 연습생들을 제대로 성장시킬 수 있기 때문이다.

여기서 주의해야 할 점은 비평을 위한 비평은 안 된다는 것이다. 신인개발팀 업무의 특성상 과도한 칭찬을 하지 않기 위해 일부러 단점을 찾아 언급하는 경우가 있는데, 그럴 때조차 논리적으로 옳지 않거나 공감할 수 없는 논리로 연습생을 대해서는 안 된다.

개선해야 할 단점이 있다면 냉철하면서도 공감할 수 있는 방식으로 비평해야 한다. 또한 단점에 대한 연구, 보완 방법, 개성으로 바꾸어 낼 수 있는 개연성 있는 근거를 바탕으로 소통해야 좋은 결과를 얻을 수 있다.

연습생들은 직업의 특성상 대부분 내외적으로 매력이 넘친다. 하지만 외적인 성장에 치중하다 보면 한계가 있고 비슷한 몰개성의 아티스트가 나올 수밖에 없다. 연습생의 외모를 업그레이드하는 것이 아니라 매력을 찾는 데 집중하는 것이 더 현명하다.

매력을 높이기 위해서는 단점을 다시 보는 눈이 필요하다. 아티스트를 봤을 때 전체적으로 매력적이면서도 쉽게 받아들이기 어려운 부분, 즉 약간의 낯선 부분이 있어야 스타가 될 가능성이 높다. 그 낯선 부분이 처음엔 다소 이상한 기분을 느끼게 할 수 있는데, 적응하고 익숙해지면 그게 바로 치명적인 매력이 될 수도 있다. 또한 새로운 트렌드를, 유행을 만들어 내는 시발점이 되기도 한다.

대부분의 슈퍼스타들도 처음 데뷔할 때는 그들의 낯선 부분에 대한 혹평이 존재한다. 묘한 매력, 남들과는 다른 그만의 캐릭터와 매력이 좀처럼 쉽게 열리지 않는 대중들의 마음을 열게만 해 준다면 그 아티스트는 많은 팬들의 사랑을 받는 슈퍼스타가 될 수 있는 것이다.

연애나 결혼과도 비슷하다고 할 수 있다. 사귀고 싶을 만큼, 결혼하고 싶을 만큼 좋아하게 되는 상대는 한없이 좋으면서도 어딘가 모르게 긴장감을 만들어 주는 묘하게 낯선 느낌을 가지고 있는 경우가 많기 때문이다. 나에게 무조건 잘해 주는 사람에게는 오히려 매력을 느끼기 어렵고, 밀당을 잘하는 이성에게 빠지게 되는 심리도 이와 비슷하다. 호기심을 느낄 수 없는 사람이라면 사랑에 빠지기 어렵듯이 아티스트 역시 호기심을 유발하지 못하면 성공하기 어려운 것이다. 그래서 아티스트의 캐릭터를 발전시키기 위해서는 사람들이 호기심을 가질 수 있도록 만들어야 한다.

단점을 새롭게 보는 눈이 중요한 이유가 바로 이것이다. 이러한 호기심은 단점에서 나오는 경우가 많다. 사실 장점을 단점으로 만드는 것은 매우 어렵지만, 단점을 장점으로 만드는 것은 의외로 어렵지 않다. 이에 관한 재미있는 에피소드가 있다. 보이그룹에 있는 한 멤버는 키가 165cm도 채 되지 않았다. 그런데 자신이 키가 작다는 것에 대한 자격지심이 전혀 없었다. 심지어 자신을 소개할 때는 "그룹에서 키를 담당하고 있다."라고 말하면서 많은 사람들을 웃게 만들기도 했다. 작은 키가 더 매력적이게 보일 수 있는 댄스 퍼포먼스를 완벽하게 구현하기도 했다. 키에 대한 단점을 완벽히 극복한 마음가짐과 행동이 개성으로 느껴지면, 더 이상 그의 키는 눈에 들어오지 않게 된다. 그저 훌륭한 아티스트만 보일 뿐이다.

신인개발팀이 해야 할 일이 바로 이런 것이다. 단점이 단점으로만 보이면 재미가 없고 보기 싫어지게 된다. 모든 단점이 개성이 될 수는 없기 때문에 그 단점을 매력으로 바꿀 수 있는지 없는지를 고민하고 연구해야 한다. 단점을 개성으로 만들 수 있는 실마리를 찾고, 그것을 개성과 장점으로 바꿀 수 있는 마술을 부려야 한다.

예리함과 꼼꼼함

신인개발팀에게 있어 눈치 9단은 기본이다. 매일 보는 연습생 중 한 명이 갑자기 체중이 2kg 빠졌거나 오늘따라 표정이 좋지 않거나 다크서클이 심할 때는 분명히 어떤 이유가 있다. 이를 직접 말하지 않아도 느낄 수 있는 예리함이 있어야 한다. 연습생들이 모여 있는 방에만 가도 누가 사이가 안 좋은지, 누가 경쟁을 하고 있는지를 바로 알 수 있어야 한다. 연습생들의 상태를 먼저 체크하고 예측하지 못하면 결국

연습생 평가

크고 작은 사고가 일어나기 때문이다.

치열한 경쟁의식하에서 살고 있는 연습생들은 아파도 아프다고 말하지 않는다. 아파서 연습에 빠졌다가 경쟁에서 밀리고 스타가 되겠다는 꿈에서 멀어질까 두려워하기 때문이다. 결국 병을 키우면 더 복잡한 상황에 빠지게 되지만, 그 순간을 참아 내려고 하는 연습생들의 입장을 이해할 수 없는 것도 아니다.

한창 예민할 나이에 많은 시간을 함께하고 같은 목표를 향해 가고 있기에 일반 학생들보다 서로에 대한 질투와 호기심도 많을 수밖에 없다. 그래서 서로 싸우거나 따돌림을 한다거나 보이지 않는 괴롭힘이 존재하기도 한다.

학생들 사이에서도 선생님이나 학부모 등 어른이 중재할 때 문제가 더 빨리 해결되는 것처럼, 연습생들 역시 마찬가지다. 갈등을 해소할 누군가가 함께하지 않으면 상황이 더 악화되고 힘들어질 수 있다. 그래서 신인개발팀에서 일하려면 엄마의 따뜻한 시선과 눈치 빠른 감각도 함께 지녀야 미연에 문제를 막을 수 있다.

모범적인 생활 태도와 인성

대중은 아티스트가 무결점 인간이기를 바란다. 너무 어린 나이에 돈을 버는 직업인이 되었고, 아티스트라는 한 가지 목표만 바라보고 살아왔기 때문에 일반적인 학창생활을 하지 않아 사회성이 좀 결여될 수 있으며, 완벽한 사람은 없기에 단점이 있을 수밖에 없는데도, 작은 흠결도 간과하지 않는 경우가 대부분이다. 한쪽에서는 완벽한 무대, 완벽한 실력, 쇼맨십을 기대하고 다른 한쪽에서는 완벽한 인성과 성직자 같은 생활 태도를 원하는 것이다.

군이 대중의 이런 기대 때문이 아니더라도, 연습생들에게 모범적인 생활 태도를 가르치는 것은 그들이 괜찮은 한 사람으로 성장해 나가는 데 필요하다. 하지만, 대중들의 이러한 엄격한 잣대는 항상 아티스트들에게 힘든 부분이고 그들을 길러 내야 하는 스태프들에게 역시 어려운 숙제일 수밖에 없다.

그래서 신인개발팀은 연습생들이 더 좋은 사람이 될 수 있도록 늘 잔소리를 한다. 그렇기 때문에 신인개발팀 직원이 연습생들에게 트집 잡힐 거리가 있어서는 안 된다. 아직 자아가 덜 정립되고 사회생활이 처음일 수도 있는 연습생들에게 본받을 만한 좋은 사람, 훌륭한 어른이 돼야 하기 때문이다.

물론 신인개발팀에서 일하는 사람 역시 모든 면에서 완벽할 수는 없다. 하지만 최소한 그들에게 모범을 보일 수 있는 사회규범과 도덕적인 원칙을 가지고 있는 사람이 되어야 한다. 그래야 조언이나 충고를 할 때 연습생들이 받아들일 수 있고, 그들을 잘 이끌고 나갈 리더의 역할을 할 수 있다.

신인개발팀 직원이 모범적인 인성을 가져야 하는 이유는 이뿐만이 아니다. 연습생들의 부모님을 만나는 일이 많아 회사의 얼굴 역할을 하기 때문이기도 하다. 자녀들의 모든 것을 맡기고 있는 부모님이 신인개발팀 직원의 인성이나 능력에 대해 의심하기 시작하면 그 여파는 회사 전체에까지 이어진다. 그래서 연습생은 물론 부모님께도 신뢰를 줄 수 있는 모범적이고 신중하고 조심스러운 태도는 필수이자 의무다.

신인개발팀 직원은 연습생에게 마치 선배, 상사와 같은 파워를 가지고 있기 때문에 자칫 잘못하면 관계에 문제가 생길 수 있다. 이를 오해하는 연습생들과 얽혀 왜곡될 수 있는 말이나 행동을 하게 되면 그 파장은 상상을 초월할 정도로 크다. 그렇기 때문에 자신의 직분을 성실히 수행할 수 있는 기본적인 도덕관념은 신인개발팀뿐만 아니라 엔터사의 직원이라면 누구나 기억하고 지켜야 하는 부분이기도 하다.

평정심

연습생들은 함께 연습하지만 팀과 멤버가 결정되기 전까지는 서로 경쟁자일 수밖에 없다. 그래서 평소에는 잘 지내다가도 팀을 결정될 때가 되면 경쟁심이 높아지기도 한다. 멤버가 되거나 되지 않거나 혹은 멤버로 선발돼도 어떤 캐릭터를 가지게 될지 서로 신경 쓰지 않을 수 없기 때문이다.

이렇게 복잡다단한 구도에서 신인개발팀의 평정심, 즉 객관적인 태도는 매우 중요하다. 개인의 감정을 억제하고 누구에게나 같은 태도를 보이면서 센 선생님, 강한 매니저, 객관적인 팀장이라는 인식을 줄 수 있어야 한다. 물론 일을 하다 보면 유난히 혹은 특별한 이유 없이 마음에 들지 않는 연습생이 있을 수도 있다. 하지만 이럴 때도 객관적인 평가와 조언을 하면서 자신의 평정심을 기를 필요가 있다. 연습생을 평가할 때는 사적인 감정이 조금이라도 들어가서는 안 되며, 늘 회사를 대표하고 있다는 생각도 잊어서는 안 된다. 프로 아티스트를 길러 내는 사람은 당연히 프로 트레이너여야 한다. 프로답게 일하면서 연습생들에게 원칙과 시스템으로 트레이닝을 받고 있다는 생각을 갖게 하는 것은 기본 중의 기본이다.

모던케이 김형규 대표

現 RBW 프로듀싱본부 이사
前 큐브엔터테인먼트 신인개발 이사

담당한 업무는?

현재 뮤직 아카데미 '모던케이'를 운영하고 있고, 원위 담당 프로듀서 업무를 하고 있습니다. 캐스팅부터 트레이닝 그리고 프로듀서까지 신인개발팀의 다양한 업무를 하고 있습니다.

일을 시작하게 된 계기는?

원래 작곡가로 활동하면서 아카데미를 운영하고 있었는데, 당시 친하게 지내던 지인들이 큐브엔터테인먼트를 설립하면서 저도 함께하게 됐어요. 예전부터 아티스트의 교육이나 시스템에 대해 고민을 많이 했고, 엔터사에서 직접 시도해 보고 싶은 일도 많았으니까요.

과거 담당했던 아티스트는?

큐브엔터테인먼트에서 '포미닛, 비스트, 에이핑크, 비투비, 여자아이들'을 캐스팅 및 트레이닝했어요. 제가 운영하고 있는 '모던케이'도 마마무와 연이 조금 있습니다.

입사 시 갖춰야 할 스펙은?

전공이나 학위보다는 '잡기'에 능한 사람을 선호합니다. 특히 영상 촬영, 편집, 사진 심지어 운전면허 등 다재다능한 능력이 있다면 좋겠죠. 회사마다 다르지만, 보통은 실용음악과 출신을 50% 정도로 선발하는 편입니다. 아무래도 MR편집이나 음향시스템을 다룰 수 있으면 장점이 될 테니까요. 나머지 50%는 스펙은 크게 필요없지만, 엔터사에 어울리는 음악적 감각은 있어야 해요. 그러다 보니 여자들을 더 많이 뽑는 편인데, 아무래도 캐스팅부터 트레이닝 과정을 좀 더 부드럽게 진행할 수 있으니까요.

해당 엔터사 아티스트의 팬 경력을 어필한다면?

실제로 엔터에 관심이 많아야 하기 때문에 어떤 아티스트를 좋아했는지를 물어보고, 팬인지 확인하기도 합니다. 그러나 저희 회사의 아티스트를 많이 좋아했다면 받지 않는 경우가 많습니다. 숨기려고 하는 경우도 있지만, 뉘앙스나 용어 등을 말하다 보면 숨길 수가 없으니까요.

캐스팅을 하면서 주의해야 할 점은?

지금도 예전처럼 길거리 캐스팅을 많이 하는데, 특히 학교 앞에서 하는 경우가 많아요. 등교 시간은 30분 안에 전교생의 맨얼굴을 볼 수 있다는 장점이 있고, 하교 시간은 등교할 때 본 학생의 얼굴을 확인해 볼 수 있는 기회도 되니까요.

제대로 마음을 먹고 오디션 보려고 직접 찾아오는 경우에는 열정이 넘치지만, 길거리 캐스팅 등에서 비주얼로 뽑힌 경우는 근성이 부족할 때가 많아요. 그래서 세련된 자극을 주는 게 매우 중요한데, 평가를 통해 눈빛이 달라지고 열정이 커지는 모습을 보면서 트레이닝의 중요성을 알게 됐습니다. 한 걸그룹의 멤버도 평가를 하고 오디션 프로그램을 거치면서 눈빛과 마인드가 달라지는 게 보였고, 근성이 생기면서 더 큰 능력을 발휘했어요.

일하면서 겪은 특별한 에피소드는?

인성 교육은 이론만으로는 할 수 없기 때문에 저희 팀에서는 연습생들과 봉사활동을 함께했어요. 서울시 어린이병원이나 보육원 등을 다니면서 공연도 하고 함께 시간을 보냈는데, 어려운 사람을 돕는 것이기도 하지만 팬들에게 받은 사랑을 돌려줄 수 있는 방법을 알려 주는 기회가 됐습니다. 데뷔 전부터 선한 능력을 가진 아티스트가 될 수 있도록 다양한 노력을 했는데, 좋은 방식이었다고 생각합니다.

일하면서 가장 힘들었던 때는?

신인개발팀 업무는 제 적성에 정말 잘 맞아서 힘든 일은 거의 없었어요. 연습생들과 소통하는 것도 즐거워서 지금까지 스타가 된 아티스트들과 종종 연락하면서 잘 지내고 있습니다. 굳이 힘든 일을 말하자면, 새로운 그룹을 만들 때 제가 생각한 멤버 구성과 회사에서 결정한 멤버 구성에 차이가 있으면 아쉬움이 생긴다는 거예요.
최선을 다해 매니지먼트의 흐름, 곡의 장르, 방향 등을 구성한다 해도 사람마다 생각이 다르고 트렌드가 달라지기도 하니까요. 그 차이가 크지는 않아서 다행이지만요.

일하면서 가장 기억에 남는 일은?

트레이닝에 가장 효율적인 주간 평가, 월간 평가 프로그램을 만드는 데 정성과 시간을 많이 들였어요. 아티스트를 트레이닝한다는 것은 옥석을 다듬어 다이아몬드를 만들어 내는 과정이다 보니 말 한마디나 간단한 솔루션이 연습생들에게 큰 영향을 미쳐요. 그래서 가장 효율적인 방법을 찾기 위해 평가 프로그램을 만들었는데, 꽤 오랜 시간이 걸렸지만 그만큼 만족스러운 결과를 얻었다고 생각합니다.

일하면서 가장 보람을 느낄 때는?

2012년에 비스트가 일본에서 콘서트를 한 적이 있어요. 당시 8,000석을 꽉 채우고 팬들이 한국어 가사를 함께 따라 부르면서 울기도 했는데, 정말 큰 감동을 느꼈습니다. 의미 있는 일, 좋은 일을 한다는 생각이 들면서 매우 감격했습니다.

주5일 근무, 칼퇴근이 가능한지?

보통은 1 to 10 형태가 제일 많지만, 캐스팅팀은 10 to 7 근무도 하고 있습니다. 예전에는 주말에도 근무하는 경우가 많았지만, 요즘은 주5일 근무 시간을 지키는 경우가 많습니다.

업무에 가장 필요한 능력은?

평범한 사람을 아티스트로 만드는 과정인 만큼 크게 다섯 가지가 있습니다.

첫째는 적극성입니다. 신인개발팀은 업무의 특성상 외근도 많고 해외 캐스팅 등으로 출장도 많아요. 그래서 일에 대한 적극성이 있어야 성과를 얻을 수 있습니다. 실제로 적극적인 직원과 그렇지 않은 직원의 스케줄은 완전히 다릅니다.

그룹 펜타곤의 콘서트가 태국에서 열렸을 때 현지 캐스팅을 위해 신인개발팀이 함께 갔어요. 그중 한 직원은 저녁에 콘서트장에 오는 사람들만 보면서 캐스팅을 했는데, 다른 직원은 오전에는 시내를, 오후에는 시내 대형 댄스학원의 오디션을, 저녁에는 콘서트장에서 캐스팅을 진행하더라고요. 당장은 결과물이 없더라도 업무에 대한 적극성과 열정은 필수입니다.

둘째는 용기로, 괜찮은 예비 아티스트를 발견했을 때 가던 길을 멈추고 말을 걸 수 있어야 해요. '용기 있는 자가 미녀를 얻는다.'라는 말처럼 용기 있는 신인개발팀 직원이 스타를 캐스팅할 수 있습니다.

셋째는 단정한 용모입니다. 예비 아티스트에게는 물론 회사를 대표하는 얼굴이기도 하기 때문에 좋은 인상을 줄 수 있도록 단정한 외모는 필수입니다.

넷째와 다섯째는 스타를 볼 줄 아는 눈과 형평성입니다. 사람인 만큼 보는 눈은 정말 다릅니다. H.O.T.의 강타를 뽑은 사람이라면 슈퍼주니어의 최시원을 뽑을 가능성이 높은 것처럼요. 이때 본인의 호감도가 어느 한쪽에 치우치지 않도록 해야 하는데, 이를 위해 면접에서 좋아하는 아티스트가 있는지, 얼마나 좋아하는지를 확인하는 것도 중요합니다. 취향이 너무 과도하면 대중들의 눈을 이해하지 못할 수 있으니까요. 가능하면 입사하려는 회사의 눈과 비슷한 눈을 가지고 있는 게 가장 좋겠죠. 또 내가 캐스팅한 연습생뿐 아니라 정말 능력 있는 연습생을 지지할 줄 아는 공정함도 가지고 있어야 합니다.

앞으로의 목표는?

개인적으로는 해 보고 싶은 일을 다 해서 앞으로도 지금처럼 즐겁게 일할 수 있다면 가장 좋을 것 같습니다. 현재 RBW의 마마무, 원위, 원어스, 퍼플키스 등이 팬들에게 더 많은 사랑을 받으면서 선한 영향력을 널리 퍼뜨리는 아티스트가 됐으면 하는 게 바람이자 목표입니다.

2

ARTISTS & REPERTOIRE

A&R

1 **A&R도 기획 A&R**

2 **A&R의 자세와 업무**

3 **기본이자 필수, A&R 덕목**

4 **A&R과 함께 일하는 사람들**

5 **음반 제작 프로세스**

◉ **실무 인터뷰 ― 홍익대학교 공연예술대학원 최학래 겸임교수**

1
A&R도
기획 A&R

　직무를 의미하는 A&R은 엔터 업계에서 가장 중요한 파트 중 하나에 속하지만 일반인들에게는 단어조차 낯설다. 'Artists & Repertoire'의 약어로, 아티스트를 발굴하는 캐스팅 기획부터 신인개발(artist development), 녹음(recording), 믹싱(mixing), 마스터링(mastering), 콘서트 기획, 섭외, 계약, 진행, 정산까지 관련한 모든 업무를 맡는다. 즉 아티스트 프로듀싱 제작 전반에 걸쳐 관여해야 하고 관여될 수밖에 없는 파트라고 할 수 있겠다.

　국내에서는 엔터사마다 A&R이 맡는 역할이 조금씩 다르다. 보통은 메인 프로듀서를 보조하면서, 음반 프로듀싱 프로세스에 특화되어 있는 것이 일반적이다.

　먼저 제작자 혹은 프로듀서와 함께 아티스트 혹은 그룹의 앨범을 어떤 분위기와 어떤 콘셉트로 만들 것인지를 기획한다. 그다음 아티스트와 콘셉트에 맞는 작곡가와 작사가를 선택해 어울리는 곡을 받고, 그중에서 앨범에 수록할 곡을 선정한다. 그리고 그 노래를 녹음하고 완성하여 하나의 결과물을 만들어 내는 것이다.

회사의 규모가 큰 경우에는 A&R이 하는 업무가 분업화되어 외부 작곡가 관리 및 곡 섭외 담당, 내부 데이터 관리 및 저작권 등록과 각종 대관 업무 담당, 공연 진행 업무 담당 등으로 세부적으로 나누어 일하는 경우가 많다. 규모가 작은 회사의 경우에는 앞에서 나열한 모든 업무를 1명 혹은 2명이 진행하는 경우가 많다. 양쪽 모두 장단점이 있는데 전자의 경우는 세부적으로 업무 디테일을 살릴 수 있다는 장점이 있지만, 본인이 맡은 업무 이외에는 자세히 볼 수 없기 때문에 전체를 익히는 데 시간이 더 걸린다는 단점이 있다. 반대로 후자는 업무 전체를 이해하고 현장감을 익히기에는 좋지만, 업무 숙련도를 올리고 전문성을 키우는 데는 시간이 더 걸릴 수 있다. 어떤 경우든 A&R은 엔터사에서 매우 중요한 역할을 하며, 제작자와 가장 가까운 곳에서 그들의 동반자로서 일을 하게 된다.

A&R은 업무 범위가 넓고 다양해 프로듀서의 성향에 따라서도 업무의 폭이 달라질 수 있다. A부터 Z까지 모든 것을 챙기는 제작자나 전문 프로듀서(jack of all trade, 송 라이팅부터 비즈니스까지 음악 제작에 필요한 모든 역량을 갖춘 프로듀서)와 일하게 되면 업무 범위가 축소될 수도 있고, 다른 스태프들과 협업 및 분업을 잘 활용하는 제작자나 프로듀서와 일하

녹음실 내부

게 되면 역할이 확대될 수도 있다.

　A&R의 역량에 따라서도 업무는 달라질 수 있다. 처음에는 제한적인 역할만 했지만 이후 성장해 음악 프로듀서가 되고 나아가 제작자로도 성장하는 경우도 있다. A&R은 엔터 업계 전체와 그 특성을 배우기 위해서는 상당히 유리한 직군이라고 할 수 있으며 그만큼 일하고 싶어하는 지원자도 많다. 그렇기에 A&R의 역량에 따라 하는 일 그리고 제작에 대한 결과가 천차만별로 달라질 수도 있다. 소극적으로 일한다면 음반 작업이 제대로 진행되지 않을 수도 있고, 능력을 발휘해 최선을 다한다면 예상치 못한 성공을 가져올 수도 있다.

　능력 있는 A&R이 되기 위해서는 기획 능력이 있는 A&R, 바로 '기획 A&R'이 되는 것이 매우 중요하다. 일반 A&R이 아닌 기획 A&R이 되면 업무 범위가 넓어지고 업그레이드되는 효과가 있다. A&R 담당자의 기획 능력에 따라 작곡가, 가수, 연주자까지 상대하는 범위가 커질 수 있으며, 최종적으로는 팬들, 최종 소비자들의 마음을 움직여 매출에 큰 역할을 하게 되기도 한다.

　기획 A&R에서 '기획'이란 얼마나 설득력 있게 업무를 진행하느냐를 의미한다. 기획은 가장 효율적이고 합리적인 방법으로 좀 더 많은 사람들을 설득시키고 이해시키기 위한 모든 작전과 계획 그리고 행동을 의미한다. 많은 것을 포괄하고 있다 보니 '기획'을 매우 어렵게 생각하는 경우도 많지만, 기획의 기본은 '설득'이기 때문에 매우 낮은 단계에서 시작해 역량을 키워 나갈 수 있다.

기획의 시작은 기창한 기획서가 아니라 분위기 읽기, 저절한 타이밍 찾기 등에서 시작된다. 자신의 주장을 상황에 따라 말, 표현, 글자, 그림 등으로 이해하기 쉽게 만들면 더 많은 사람을 설득시킬 수 있다. 효율성과 사업적 설득력을 가질 수 있게 되는 것이다. 좋은 곡, 좋은 프로듀싱, 좋은 아티스트 콘셉트 역시 마찬가지다. 기획이 잘 돼 있는 저작물에는 더 많은 사람이 공감하고 팬이 될 수 있다.

A&R 파트의 역할은 기획을 베이스로 깔고 그 위에서 모든 업무의 프로세스를 진행시키는 것이라고 해도 과언이 아니다. 기획을 어렵게 생각하지 말고 기본 중의 기본으로 여기면서 업무를 진행해야 한다. 엔터테인먼트뿐만 아니라 어느 분야에서도 제대로 된 기획 없이는 성공적인 프로젝트를 만들 수 없다. 그냥 단순한 A&R이 아닌 기획 A&R이 되어야 프로젝트를 성공시키는 것은 물론 개인적으로도 회사 내에서 더 빠르게 성장할 수 있다.

2

A&R의 자세와
업무

A&R은 정해진 루트대로 매일, 매달 같은 일을 하는 일반 직장인들과는 달라야 한다. 본인의 능력을 인정받고 몸값을 올리며, 나아가서는 여기저기 다른 엔터사, 혹은 아티스트들로부터 스카우트 될 수 있는 A&R이 되기 위해서는 무엇을 해야 할까? 기본적으로 정해진 업무를 할 때를 포함하여 모든 자세에 '기획' 그 이상의 능력을 함께 펼쳐 내려는 노력이 필요하다. 자신을 직장인으로 치부하지 않고 업무를 하다 보면 사업자가 된 것 같이 과부하가 걸릴 수도 있겠지만, 업무의 아웃라인을 확장해 A&R 및 제작 커리어를 쌓아 간다면 엔터테인먼트 업계에서의 성공 가능성은 점점 커질 수밖에 없다.

작곡가에게 좋은 곡 받기

A&R의 가장 중요한 업무 중 하나는 작곡가들이 숨겨 놓은 혹은 앞으로 만들 히트 가능성이 높은 곡들을 받아 내는 것이다. 이 능력을 갖추기 위해서는 일종의 노하우가 필요한데, A&R로 성공하려면 반드시 도전하고 해내야 하는 부분이기도 하다. 이를 위해서는 먼저 작곡가와 인간적이고 친밀한 관계를 형성해야 한다. 엔터테인먼트 업계 역시 다른 분야와 마찬가지로 사람이 하는 일이 더 많기 때문에 사람과의 관계와 소통은 매우 중요하다.

곡을 받는다는 것은 쇼핑을 하듯이 일정 금액을 내고 그에 합당한 곡을 받는 단순한 거래가 아니다. 어떤 곡이 누구한테 가느냐에 따라 그 결과는 하늘과 땅 차이이기 때문이다. 같은 곡이라고 하더라도 누가 부르느냐에 따라 성공 가능성이 크게 달라지고 덩달아 작곡가의 위상도 달라질 수 있다.

굳이 성공까지 생각하지 않더라도 신인가수가 부를 때와 인지도가 있는 아티스트가 부를 때 저작권료는 크게 차이가 날 수밖에 없다. 때문에 작곡가는 좋은 곡을 누구에게 줄지 항상 고민하게 된다. 잘나가는 가수에게 좋은 곡이 더 많이 가는 빈익빈부익부 현상이 심화되는 이유다. 그래서 작곡가들에게 좋은 곡을 받아 내기 위해서는 일종의 설득과 협상이 필요하다. 작곡가의 음악적 히스토리, 아티스트의 음악적 성향 분석, 관련된 레퍼런스 등을 자료화시켜서 그들의 마음을 움직일 수 있는 전략 방안을 마련해야 하는 것이다. 왜 그 작곡가가 필요하며, 왜 이 곡을 받아야 하는지를 제대로 설명하고 설득할 수 있어야 한다. 또한 지금 함께 듣고 있는 이 곡을 왜 우리 아티스트가 불러야 하는지 그에 합당한 이유와 시너지와 가능성을 가장 절실하게 어필할 수 있다면, 설득할 확률은 높아지게 되며 결국 기획 A&R로서 역할을 하게 될 것이다.

미래와 현재 트렌드의 흐름을 예측하여 곡에 대한 홍보 방향성과 발칙하고 매력적인 아이디어, 키워드 등을 제안하는 것도 작곡가와 함께 곡을 성공시켜 보겠다는 A&R의 의지를 잘 보여 줄 수 있는 좋은 설득 방법이다.

가수 백지영의 히트곡 중 2009년 발표된 '잊지 말아요'는 드라마 「아이리스」 OST에서 이병헌과 김태희의 테마곡으로 사용되면서 높은 인기를 얻었다. 이 곡은 원래 다른 가수의 곡이었는데, 여러 가지 이유로 앨범에 수록되지 못해서 그냥 그렇게 잊혀질 수도 있는 상황이었다. 당시 A&R 역할까지 겸하던 최갑원 프로듀서는 이 곡에 대한 가능성을 높이 평가했고, 이 곡이 빛을 볼 수 있도록 작곡가와 제작자 모두를 설득했다. 결국 김도훈 작곡가와 이현승 작곡가, 가수 백지영 모두를 한맘으로 뭉치게 만드는 데 성공할 수 있었다. 결국 '잊지 말아요'는 가수 백지영의 히트곡이었을 뿐만 아니라 그해의 최고 히트곡이 될 수 있었다.

가수의 특성 파악하기

작곡가에게 좋은 곡을 받아 낼 역량만큼 중요한 것이 하나 있다. 담당하고 있는 가수의 특성을 잘 파악하는 것이다. 아무리 좋은 노래더라도 그 곡을 부르는 가수와 어울리지 않으면 히트할 수 없기 때문이다. 이번 앨범의 콘셉트와 잘 맞는지, 가수에게 적합한 보이스 컬러, 매력 등과 잘 어울리는지를 꼼꼼하게 확인해야 가수에게도 작곡가에게도 서로에게 역작으로 남는 노래를 만들어 낼 수 있다. 이것이 바로 기획 A&R이 가져야 할 중요한 덕목 중 하나다.

A&R이 설득해야 할 사람은 작곡가뿐만이 아니다. 사업에 대한 결정권을 가진 제작자나 그 노래를 불러야 할 가수가 노래를 내켜 하지 않는다면 그동안의 노력이 물거품이 될 수도 있기 때문이다. 제작과 관련된 모든 스태프들을 설득하는 것이 바로 A&R이 가져야 할 매우 중요한 능력인 셈이다. 신인 아티스트가 내가 골라 준 곡으로 성공적인 데뷔를 할 수 있고, 나아가 그 곡이 아티스트의 대표곡이 된다면, A&R 담당자 본인에게도 성공한 아티스트만큼이나 자부심을 가질 수 있는 큰 경험이 된다. 엔터테인먼트 업계에서 본인의 중요한 커리어로 기록되는 것이다.

가수의 특성 못지않게 중요한 것이 트렌드의 흐름을 파악하는 것이다. K-POP은 미국에서 유행했거나, 유행하는 음악들이 한국 정서에 맞게 변형되는 경우도 많기 때문에 미국 음악의 트렌드와 변화에 대해 예민해야 한다. 또한 월드컵이나 올림픽을 앞두고 있는데, 그러한 이슈에 지나치게 겹치거나, 과하게 상반되는 조용한 발라드라면 아무리 뛰어난 아티스트와 좋은 곡이라고 해도 흥행을 이끌어 내기는 어렵다. 이처럼 아티스트의 성공과 제작자가 현명한 판단을 내릴 수 있는 기반을 만드는 것, 그것이 바로 A&R의 가장 중요한 역할 중 하나라고 할 수 있다.

2009년 2월에 발표된 여성 듀오 다비치의 노래 '8282'는 당시 꽤 긴 시간 히트했던 노래였다. 그런데 이 곡도 처음에는 다비치의 곡이 아니었다. 가수 A씨가 데모를 부르고 녹음까지 했던 곡이었는데, 제작자는 물론 작곡가도 가수와 노래가 그다지 맞지 않는다고 생각해 캔슬했다. 그리고 이 노래는 결국 다비치가 부르게 되었고 기대 이상으로 히트시킬 수 있었다. 이처럼 아티스트와 곡은 서로 맞는 옷을 입었을 때 큰 시너지를 낼 수 있으며, 발매 시기나 당시의 사회적인 이슈 등 예측하기 힘든 운이 작용하는 경우도 많으니 주의해야 한다.

트랜스포머 협상가 되기

A&R의 업무는 작곡가를 비롯한 여러 음악 스태프들과 함께 하는 일이 대부분이다. 그렇기 때문에 누가 어떤 일을 하는지 알고 있는 것은 기본이라고 할 수 있다. 함께 일하는 스태프들이 어떤 일을 하는지 전

혀 모른다면 일정과 의견을 조율해야 하는 A&R의 역할을 제대로 할 수 없기 때문이다.

게다가 함께 일하는 스태프들이 아티스트일 경우가 많기 때문에 성격은 물론 일하는 방식이 감성적이거나 스타일과 개성이 강할 수 있다. 때문에 충분한 업무의 이해도와 사회성이 겸비되지 못하면 자칫 일하는 데 어려움을 느끼거나 피로감을 느낄 수도 있다. 이러한 부분을 충분히 이해하고 스태프에 따라 그들의 성향에 각각 맞는 '트랜스포머'가 돼야 그들만의 리그에 들어가서 함께 일하기 편해진다.

작곡가, 세션맨, 엔지니어 등 A&R이 함께 협업해야 하는 각각의 스태프들과의 업무 중 가장 중요한 것이 바로 스케줄과 비용에 대한 내용이다. 일반적으로 평균적인 금액은 정해져 있지만 그 사이에서 조율을 해야 한다. 성수기와 비수기, 업무의 난이도와 소요 시간, 업무의 규모 등에 따라 조금씩 다르게 협상을 해야 하는 모든 과정이 A&R이 풀어야 할 숙제다.

이때 각 스태프들의 업무에 대해 충분히 이해를 하고 있다면 이 과정에 대한 고민을 최대한 단축하고 합리적인 결과를 도출해 낼 수 있다. 단순히 의사를 전달하는 것이 아닌, 서로의 입장을 충분히 공감하며 전달하는 것은 능력 있는 A&R이 될 수 있는 중요한 조건이다.

한 곡 녹음에 50만 원인 세션맨이 있다고 가정했을 때, 그와 100곡을 녹음하기로 했다면 산술적으로는 5,000만 원이 필요하지만, 현실은 그렇지 않다. 많은 곡을 한꺼번에 계약하는 경우에는 스케줄과 가격을 협상해서 비용을 줄일 수 있다. 또 그 세션맨과 팀을 꾸릴 수 있는 다른 세션맨들이 더 있다면 시간도 절약하고 비용도 줄일 수 있다. 이처럼 유연성 있고 효율 높은 업무 노하우가 필요한 것이다.

제작자 입장에서는 비용을 줄여 주는 A&R이 좋은 A&R이겠지만, 매번 비용을 줄이기만 하는 A&R이 되면 어떤 외부 스태프도 그와 일하기를 달가워하지 않을 것이다. 결국 좋은 협상가가 되어 제작자와 아티스트, 스태프 사이에서 모두를 만족시키는 역할을 해내는 것이 중요하다.

모든 스태프들이 한마음이 되어 힘을 합쳤을 때 좋은 곡, 좋은 프로듀싱이 나올 수 있다. 그 안에서 최신 트렌드에 어울리는 명작, 마스터피스가 나올 수 있다. 훌륭한 협상가는 좋은 기획은 물론 사회성도 필수로 갖추려는 노력을 해야만 하는 것이다.

작곡가의 언어로 이야기하기

작곡가를 대할 때 잊지 말아야 할 것은 그들 역시 가수와 같은 아티스트라는 것이다. 아티스트들은 한 가지 일에 과도하게 집중하곤 한다. 한 가지 포인트에 점을 찍고 그 점을 다른 사람들과 비교할 수 없을 만큼 크고 진하게 만들 수 있는 사람이 성공한 아티스트가 될 확률이 높은 것이다.

그래서 일반적인 사람들과 달리 아티스트인 작곡가들은 사람들과 관계를 유지하는 것에 익숙하지 않고, 그들에게 높은 사회성이나 친밀한 대화법을 기대하기 어려운 경우가 많다. 물론 작곡가들이 노력해서 사회성이나 친근한 대화법, 사교적인 행동방식 등을 가질 수 있다면 가장 좋겠지만, 그들이 그 능력을 갖추는 날을 기다리기보다는 A&R이 그 능력을 발휘하는 것이 빠르고 효율적이다. 그들과 얼마나 숙련되게 지낼 수 있는지가 성공적인 A&R의 역량을 좌우한다고 할 수 있다.

작곡가와 제대로 소통하기 위해서는 그들의 입장에서 생각하고 그들을 존중하며 말하는 방법에 익숙해져야 한다. 음악 업계에는 수많은 작곡가가 있고 각각 강한 개성을 가지고 있는 경우가 많다. 능력이 있거나, 히트한 노래가 많은 작곡가일수록 더욱 까다롭고 어려울 수 있다. 이런 부분은 그들이 거만해져서 그런 것일 수도 있지만, 모두가 그런 것은 아니다. 성공한 아티스트들은 그들만의 고집과 특징을 가지고 성공한 것이기 때문에 고집스러워 보일 수밖에 없는 면이 있다. 그들의 고집 덕분에 좋은 크리에이티브가 나온 것이라면 A&R은 그들의 관점에서 바라보는 노력이 필요하다고 할 수밖에 없는 것이다.

아티스트들의 말이나 행동을 이해할 수 없을 때도 있고 때로는 독특한 분위기에 불편함을 느낄 수도 있지만 그것을 잘 받아 주면서 그들과 친해지고 이해하려는 노력이 A&R의 중요한 역할 중 하나라고 할 수 있다. 작곡가의 특성을 잘 이해하고 인간적인 공감대를 형성하는 것이 궁극적으로는 A&R이 가져야 할 가장 큰 덕목인 것이다.

ONEUS 타이틀 데모곡 LIST

Date : 2022.07.06

NO	곡스타일	데모 제목	작가	평가	최종 사용 결정 (O, X)	Comment
1	Dance	PRISON	이상호 서용배	★★★★☆		남성성 강조? 섹시는 하나 짐승섹시 But. 무대연출로는 훌륭! → 콘서트 넘버로 락편곡하면 좋을 듯 → 체인? 라인은 너무 꽂히는데… → 사비 찰떡!
2	Dance	같은 향기 (Same Scent)	이상호 서용배	★★★★★	★자다가도 생각나는 탑라인★	같은 향기 X… Same Scent 다른 제목, 이지리스닝, 탑라인, 트랙 완벽 → 안무가 훑어내리는 느낌! 섹시하게 나오면 콘셉트 찰떡 →팬들이 좋아할 것 같음♥ 청량? 고급섹시 느낌, 여름 같을까…?
3	Dance	월광	RAVN ONEWAY	★★★☆☆		오타쿠의 심금!! → 군주님 이어갈 수 있지 않을까? 타이틀감으로 보기에는 취향을 탈 거 같음 토페 섹시→US랑 어울릴까? 트랙… 퀄업해야 할 듯…

Same Scent
아프고, 아련한 감성
곱씹을수록 섹시한 가사★
물? 쏟아내리는 듯한 안무? → 섹시함 추가 (기획팀과 상의!)
핏 좋은 수트는?

데모곡 선별 체크리스트

ONEWE 데모곡 LIST

Date : 2021.11.13

NO	곡스타일	데모 제목	작가	평가	최종 사용 결정 (O, X)	Comment
1	Rock	원위ROCK116	전다운	★★★☆☆	△	사비 부분 피아노 라인 좋음 기타 솔로+피아노 합 좋음 → 곡 구성 & 리프 수정 필요 → 차기 앨범에 디벨롭 하면 어떨지
2	Rock	기아이 또	용훈	★★★★☆	△	We 바이브 타임 고려 → 음방 요소들 확인 필요 탑라인 좋음, 2절까지 완성 후 재모니터
3	Rock	124HOUSE New Track	김영현	★★★☆☆	X	We 새로운 느낌? 탑라인 x → 추가해서 모니터 필요
4	Rock	너의 우주	용훈	★★★★★	O	우주 시리즈 연장선!! - 피아노+탑라인 구성이 좋으나 악기 구성 추가 1절 2절 가사 수정
5	Rock	꽃에 물 안주고 피길 원하네	CyA	★★★★★	△	키아 사콜 음원, 키아 개인 앨범으로 디벨롭 → We 느낌을 낼 수 있으나 키아 혼자 소화하는 게 더 매력적일 듯
6	Rock	우물 속 작은아이	하린	★★★★★	O	피아노 라인 정리 필요! 악기 구성 단조로움 → 스트링 수정 우물 속 아이 or well 2A 탑라인, 랩 수정 필요 → 막사비 용훈 녹음 후 모니터
7	Rock	궤도	강현	☆☆☆☆☆	O	가사 도입부 꼭 실리기! 외계인 관련 → 인트로는 기타로 가면 좋을 듯, 아르페지오 → 리프 단순 → 귀에 남아서 살릴지 수정할지
8	Rock	잠결에서라도 너가 계속 흘렀으면	CyA	☆☆☆☆☆	O	도입부터 기타 사운드 좋음 → A 랩으로 시작?/B 가사 X/사비 good → 구성 추가 정리 필요 → 차주까지 2절 완성
9	Rock	룸메이트	용훈	☆☆☆☆☆	X	발매하고 싶긴 한데… 이번 컨셉과 너무 방향이 다름 → "선물할게요"는 어떤지
10	Rock	시발점	동명	★★★★★	O	가사 방향성 좋음 트랙이 신선하나 너무 밝은 느낌 → 가사 실려서 좀 더 톤다운하면 어떨지 → 2절 제작

타이틀 "너의 우주" 디벨롭
1. 너의 우주 (용)
2. 우물 (린)
3. 궤도 (강)
4. 잠결 (캬)
5. 시발점 (맹)
6. 룸메 or 선물 (용)

데모곡 선별 체크리스트

또 하나 알아 두어야 할 것은 선후배 간의 질서다. 가수나 스태프들과 마찬가지로 작곡가들 사이에서도 선후배 사이의 예절은 매우 깍듯한 편이다. A&R 역시 마찬가지로 위계질서를 사전에 파악하고 그에 따른 예의와 태도를 견지해야 작곡가는 물론 모든 아티스트들과 좋은 관계를 유지할 수 있다.

작곡가뿐만이 아니다. A&R은 아티스트의 성공에 가장 밀접하게 관계된 제작자와도 상사나 부하직원이 아닌, 좋은 친구 같은 협력자가 되어야 한다. 각종 자료와 이슈 및 트렌드를 조사하고, 팬덤을 만들 수 있는 10~20대의 음악 기호, 심지어 세계 음악을 선도하는 미국 음악에 대해서도 꼼꼼한 데이터를 준비해 둔다면 기획 A&R로서 자격을 갖추는 데 큰 도움이 될 것이다.

3
기본이자 필수,
A&R 덕목

시간 관념

여느 직업이나 마찬가지지만 A&R에게는 시간에 대한 정확성이 매우 중요하다. 여러 종류의 직군과 함께 일하기 때문에 더욱 그렇다. 작곡가, 가수, 엔지니어, 세션맨을 한자리에 모아야만 녹음이 제대로 이루어질 수 있기에 A&R은 항상 시간과 스케줄에 예민해야 한다.

함께 일하는 사람들의 분야가 각각 다르다 보니 직업적인 특성들이 존재하고, 특히 아티스트들의 경우에는 아무래도 직장인들보다는 자유로운 삶의 루틴을 따르는 경우가 많기 때문에 시간 약속이나 짜여진 스케줄에 무감각한 경우가 종종 있을 수 있다. 특히 스케줄이 타이트한 스타 아티스트들의 경우에는 앞의 스케줄이 밀리거나 당겨지게 되면 중간에 매니저나 A&R이 스케줄 조정을 하느라 애를 먹는 일들이 생기기도 한다.

내일 녹음 스케줄이 잡힌 A&R이 있다고 해 보자. 녹음 전날 그리고 녹음 날 아침, 작곡가, 연주자, 프로듀서, 엔지니어, 가수 모두에게 시간과 장소를 리마인드하는 단체 문자를 보내고 각각 통화를 했다.(물론 받지 않는 사람도 있었다.) 그럼 모두 제시간에 맞춰 나타나 완벽하게 녹음을 끝낼 수 있을까? 새벽까지 일하다 늦게 잠든 작곡가, 갑자기 문제가 생긴 악기를 수리하고 있는 연주자, 다른 녹음이 늦어져 스케줄이 꼬인 프로듀서와 엔지니어, 감기가 들어 목소리가 변한 가수의 연락을 받는 것은 그리 드문 일이 아니다.(물론 연락이 오기만 해도 다행이라고 할 수 있다.)

실제로 이런 일이 있었다. 여러 가지 이슈로 바꿀 수 없는 음원의 발매일이 정해졌고, 그래서 녹음이 잡힌 날 무슨 일이 있어도 최소 세 곡은 완료해야 하는 상황이었다. 그런데 몇몇 연주자가 늦게 오는 바람에 일찍 온 다른 연주자와 가수까지 예정된 시간보다 더 많은 시간을 보내야 했다. 결국 추가로 일한 연주자에 대해 보상을 해야 했고, 예상된 녹음 비용을 훌쩍 넘기게 됐다. 원칙적으로 따지자면 늦은 사람에게 비용을 덜 지급해야겠지만 역시 현실적으로는 그렇게 일이 진행되지 못하는 경우가 많기에 손해는 제작자의 몫이 된다.

이보다 더한 일도 흔하다. 오케스트라와 함께 아티스트가 녹음해야 하는 스케줄이 있었는데, 연주자만 20명이 훌쩍 넘는 대규모 프로젝트였다. 그런데 가장 중요한 작곡가가 녹음 시간에 늦었고, 어쩔 수 없이 시간이 연장돼 녹음실 대여 비용 역시 늘어날 수밖에 없었다. 결국 연장된 녹음실 비용에 연주자들에게 줘야 할 추가 세션비까지 지불하며 예상 비용보다 훨씬 높은 금액을 들여서야 그날의 녹음을 겨우 끝낼 수 있었다.

상식적으로는 제시간에 오는 사람의 시간에 맞춰야 하지만, 현실적으로는 가장 늦게 오는 사람의 시간에 맞추게 되는 것이다. 바로 이런 때 A&R의 기지와 역할이 필요하다. 큰 프로젝트의 스케줄이 있을 때, 전날은 물론 당일에도 시간 단위로 참여자의 동선을 확인하는 것은 물론, 연주자와 가수의 경우 컨디션까지 챙겨야만 한다. 한 명이라도 시간에 늦는다면 일정을 조정해, 가능하면 누구도 기다리지 않게 하는 최선의 스케줄링을 만들어 내는 센스도 필요하다. 가장 중요한 가수가 컨디션이 안 좋아 목소리를 제대로 낼 수 없을 것 같다면 녹음을 연기하고 재빨리 다음 스케줄을 잡는 판단 능력도 필요하다.

그런데 이렇게 중요한 역할을 해야 하는 A&R이 제대로 시간을 조절하기는커녕 시간 약속을 제대로 안 지키거나 그저 빨리 끝내려고만 한다면 어떻게 될까? 좋은 작업이 어려운 것은 물론 녹음실에서 매우 중요한 팀워크에도 지장을 줄 수 있다. 그래서 A&R의 기본 중 기본, 그리고 중요한 덕목이 바로 시간 약속, 정확성과 꼼꼼함인 것이다.

녹음실 레코딩 스케줄

시간	일 12	월 13	화 14
GMT +09		ONEUS&ONEWE STAY 마스터	퍼플키스 수진 마스터
오전 10시			
오전 11시			
오전 12시			
오후 1시			
오후 2시		ONEWE '놓친 너, 일에 흐르길'(B) 오후 1시~ / ONEWE '궤도' MIX(A) 오후 1시~ 4시	ONEWE '궤도' MIX(A) 오후 1시~ 2시
오후 3시			문별 '너가 들었으 보컬 톤(B) 오후 2시~ 6시 / ONEUS 2020 F 오후 2시~ 3시
오후 4시			2021 MAMAMOO ONLINE CO 오후 3시~ 4시
오후 5시		ONEUS&ONEWE 'STAY' MIX(A 오후 4시~ 5시	솔라 학교OST '겨울꽃' 보컬 녹음(A) 오후 4시~ 7시
오후 6시		2021 MAMAN ONLINE CONG 'WAW' VOD M STEM(A) 오후 5시~ 7시 / ONEUS 2020 Fly With US In Tokyo DVD LIVE 보컬 데이터 정리(에디 오후 5시~ 7시	
오후 7시	ONEWE 보컬 녹음(B) 오후 7시~ 11시		
오후 8시		문별 코러스 보컬 녹음(B) - PD 오후 7시~ / ONEUS 2020 Fly With US Tokyo DV 오후 7:30 / 문별 '너가 들었으면 좋겠다' 보컬 톤(에디팅) 오후 8시~	현규 솔라 솔라스 Baby' 코러스 보 오후 7시~ 9시 / 솔라 MBC 가요 오후 7시~ 8시
오후 9시			퍼플키스 수진 학교OST '멍하니' MIX(A) 오후 8시~ 10시
오후 10시		ONEWE 5음(B) 오후 9시~ / ONEWE ' 오후 9시~	ONEUS 2020 F 오후 9시~ 10시
오후 11시			

녹음실 레코딩 스케줄

수 15	목 16	금 17	토 18
ONEWE ' 보컬 튠(어 오후 1시~	ONEWE ' MIX(A) - 오후 1시~ · ONEUS 2(오후 1시~ · ONEWE '궤도' MIX(A) 오후 1시~ 3시	문별 'LUN ENG 보컬 오후 1시~ · ONEWE '시발점' MIX(A) 오후 1시~ 3시	
	ONEWE '선물할게요' MIX(A) 오후 3시~ 4시	화사 'Jingle B(Cover 보컬 녹 오후 3시~ 5시 · ONEUS 2020 Fly With US In Tokyo DVD LIVE 보컬 데 이터 정리(에디 팅) 오후 2시~ 5시	현규 문별 'LUNATIC' ENG 코러 스 보컬 녹음(B) 오후 3시~ 5시
	ONEWE '시발점' MIX(A) 오후 4시~ 6시	ONEUS 2020 Fly With US In Tokyo DVD MIX(A) 오후 5시~ 7시	현규 싱어게인2 보컬 녹음(B) 오후 5시~ 7시
ONEUS 2020 Fly With US In Tokyo DVD MIX(A) 오후 6시~ 10시	ONEUS&ONEW MIX(A) 오후 6시~ 10시 · 가이드 보컬 녹 음(B) 오후 6시~ 10시	ONEUS 2 With US I Tokyo DV 보컬 데이 (에디팅) - 오후 7시~ · ONEWE '시발점' MIX(A) 오후 7시~ 10시	
ONEUS 환웅 M 제전 '호랑이' 보 튠(B) 오후 8시~ 11시		ONEUS 환웅 MBC 가요대제전 '호랑이' 보컬 데이터 정리 및 모니터(B) 오후 8:30~ 10:30	
문별 'LUNATIC' ENG 보컬 녹음(B 오후 11시~오전 4:30			

인맥 관리

A&R의 인맥 관리는 본인에게 필요한 업계에서의 히스토리를 만든다는 차원에서 매우 중요하다. 길게 보면 이러한 인맥을 통해 언젠가 프로듀싱이나 제작을 할 수 있는 원동력이 쌓이게 된다고 해도 과언이 아니기 때문에 세심한 관리와 일종의 투자가 필요하다.

인맥 관리는 상대방과의 의사소통에서부터 시작한다. 상대의 성향과 상황을 파악하여 그에 맞춤형으로 응대하는 융통성이 기본이며, 필요할 때나 아쉬울 때만 찾는 것은 인맥을 쌓는 데 좋지 않다.

A&R이 가장 많이 상대하게 되는 작곡가는 예술가, 게다가 창작을 해야 하는 아티스트이기 때문에 종종 슬럼프에 빠질 수 있다. 그럴 때 과하지 않게 다가가야 하며, 이는 마음을 움직이는 좋은 방법 중 하나다. 좋은 곡을 계속 발표하면서 승승장구할 때가 아니라 일이 마음대로 되지 않을 때 옆에서 힘이 되어 주는 사람에게 고마움과 진정성을 더 느끼는 게 아무래도 사람의 마음이기 때문이다. 힘든 시기에 자신의 마음을 알아주는 A&R이 있다면 당연히 마음이 좀 더 갈 수밖에 없다. 이럴 때 의욕을 북돋아 주며 심기일전할 수 있도록 기획과 아이디어를 함께 나눴던 A&R은 향후 진짜 인생 친구가 될 수도 있을 것이다.

진심이 중요한 것은 인맥뿐만 아니라 어떤 일에서든 마찬가지다. 진심을 다하지 않으면 상대방도 금방 알아차릴 뿐더러, 본인도 그런 진심이 없이 만든 인맥은 결국 쓸모 없는 시간 낭비일 수 있기 때문에 지양하는 것이 현명하다.

인맥 형성을 위해서는 상대의 성향을 파악하는 것도 중요한 포인트다. 화려할 것 같은 엔터테인먼트 업계에 있다고 해서 모두가 외향적인 성격을 가진 것은 아니라는 점을 반드시 기억해야 한다. 어떤 작곡가는 직접 예능 프로에 출연해 자신의 끼를 발휘하기도 하지만, 어떤 작곡가는 방송 제의가 들어오기만 해도 손사래를 치며 사진조차 찍지 않으려고 한다. 또한 단순히 노래의 성격이나 장르만으로 그들의 성향을 파악하기는 힘들다. 그럼에도 작곡가의 성향을 충분히 파악하고 적절하게 대해야만 좋은 관계를 만들어 갈 수 있다. 작곡가와 아티스트들 중에서 수줍음을 많이 타는 사람도 있다는 것을 충분히 알아 두고 조심스럽게 접근한다면 일적으로 만나 작곡가와 A&R이 아닌, 마음을 터놓을 수 있는 가까운 친구가 될 수도 있을 것이다.

"주변의 친구를 통해 그 사람을 보라."는 말이 있다. 주변의 인맥이 그 사람을 만든다는 뜻이다. 친구나 지인, 그 작곡가 주변의 제작자, 매니저, 프로듀서 등의 성향을 동시에 파악해 보는 것도 그 사람과 가까워지는 데 큰 도움이 될 수 있으며, 그들과의 관계를 잘 이용하면 더 쉽게 인맥을 형성할 수도 있을 것이다.

젊은 감각

"30대가 넘으면 귀가 닫힌다."는 말이 있다. 많은 사람들이 30대 이상이 되면 예전 10대, 20대에 들었던 음악을 계속 듣는 경향이 있기 때문이다.

다른 아티스트들에 비해 작곡가는 특히 젊다 못해 어린 마인드를 가지고 있는 경우도 있다. 그 이유는 음악을 소비하는 주 소비대상이 10~20대이기 때문에, 젊은 감각을 가져야 하고, 가지려는 노력을 부단히 할 수밖에 없는 직업이기 때문이다.

작곡가의 나이가 40대라서 40대의 감성이나 마인드로 음악을 만든다면 그 노래는 젊은 층에게 어필할 수 없다. 그래서 작곡가는 나이를 먹어도 젊은 마음으로 이해하려는 노력을 해야만 하고, 그것이 작곡가의 성공 비결이 되기도 한다. 이러한 작곡가와 함께 일하는 A&R 역시 마인드가 젊어야 하는 것은 당연하다.

현재의 트렌드에 가장 민감하게 반응해야 그 흐름을 읽을 수 있으며, 작곡가의 젊고 순수한 마음을 이해할 수 있어야 능력 있는 기획 A&R, 비전 있는 기획 A&R이 될 수 있다.

10~20대를 공략하여 그들의 눈과 귀를 사로잡기 위해서는 젊은 감각으로 음악을 만들어야만 한다. 그들이 그 음악을 좋아하는 것뿐만 아니라 음악을 만드는 사람도 좋아해야만 히트할 수 있다. A&R은 이렇게 빠르게 변하는 음악 트렌드를 충분히 이해하고 이를 아티스트와

음악에 접목시킬 수 있어야 한다.

과거에는 작곡가나 아티스트들이 음악방송 PD가 좋아하는 음악을 만드는 경향이 있었다. 그러면 텔레비전에 많이 나갈 수 있고 성공할 가능성이 높아지기 때문이다. 그러나 지금은 다르다. 기존 방송뿐 아니라 유튜브, 각종 SNS, 음원 사이트 등 미디어 환경들이 매우 다양해졌고, 하루에도 수백 곡의 음악과 아티스트들이 쏟아져 나오기 때문에 그만큼 경쟁도 훨씬 더 치열해졌다. 게다가 K-POP의 위상이 글로벌 시장에서까지 인정을 받기 시작하면서 이제는 미국은 물론 전 세계 음악과도 경쟁을 해야 하는 상황에까지 이르게 되었다. 매일 쏟아져 나오는 수많은 가수와 노래들 사이에서 웬만큼 만들어서는 보이지도 않고 듣지도 않는 것이다.

아무리 기존에 히트곡이 있는 스타 아티스트였어도, 신곡을 대충 만들어서는 실패 확률이 매우 높다. 예전 방식으로 단순히 틀고 많이 방송에서 자주 보인다고 해서 결코 히트가 되는 세상이 아닌 것이다. 하지만 이러한 상황이 부정적인 것만은 아니다. 시장이 넓어졌기 때문에 더 큰 가능성이 열렸고, 세계 시장에 아티스트를 알릴 수 있는 다양한 실험을 할 수 있다는 것은 장점이다.

예전에는 방송국 편성에 아티스트가 따라가야 할 정도였지만, 이제는 환경이 달라졌다. A&R이 제작자, 아티스트와 함께 다양한 SNS로 직접 편성할 수도 있다. 눈과 귀가 젊은 A&R이 되는 것이 더욱 중요해지는 이유다. 이처럼 단순한 제작 능력 외에 트렌드는 물론 환경의 변화와 팬들의 반응 그리고 댓글까지도 체크하는 기획 A&R이 되어야 살아남을 수 있게 된 것이다.

4

A&R과 함께 일하는
사람들

A&R은 작곡가뿐만 아니라 제작자부터 세션맨, 엔지니어에 이르기까지 여러 파트의 다양한 직군 및 스태프들과 함께 일하는 경우가 대부분이다. 그래서 함께 일하는 사람들이 맡은 직무를 파악하는 것은 매우 중요하다.

제작자

일반적으로 말하는 제작자는 엔터사의 사장, 대표이사, 이그제큐티브 프로듀서 등을 말한다. 이들은 음반에 투자하고 프로젝트 진행의 결정권을 가지고 있으며 아티스트와 전속계약을 맺고 있기 때문에 매우 중요하고 절대적인 권한을 행사한다.

예전에는 아티스트의 매니저 또는 부모님이나 친인척 등이 제작자가 되는 경우도 있었지만, 2000년대 이후에는 매니저 외에도 음악 프로듀서, 작곡가 및 작사가, A&R, 투자자 심지어 아티스트 자신이 제작자가 되는 경우도 많아졌다. 이처럼 제작자는 투자자부터 아티스트까지 다양한데, 각각 전문 분야에 따라 제작 방식이나 매니지먼트 방식에서 다른 포지션을 갖는 경우가 많다.

매니저가 제작자인 경우에는 방송 활동에 중요한 포인트를 두고 제작을 진행할 것이며, 작곡가가 제작자인 경우에는 음악프로듀싱에 가장 역점을 두어 제작할 것이다. 당연한 말이지만 방송도 프로듀싱도 모두 중요하다. 때문에 스태프들과 협업하여 부족한 부분을 보완하고 최선의 제작 시스템을 구축하는 것은 결국 제작자의 몫이 된다.

가장 큰 권한을 갖는 만큼 각각의 스태프들은 제작자의 성향을 파악해 두는 것이 중요하다. 과거에 어떤 아티스트를 만들었는지, 어떤 방식으로 일을 해 왔는지, 어떤 인맥을 형성하고 있는지 등을 살펴보면 함께 일할 때 큰 도움이 된다.

세션맨

　'세션맨'은 녹음이나 공연을 위해 한시적으로 고용된 외부 연주자, 즉 기간제 아티스트를 의미한다. 보통은 전속계약을 하지 않고 음반 또는 공연 등에 참가하는 비전속 아티스트를 뜻한다. 엔터테인먼트 회사에서는 메인 보컬리스트 또는 밴드 등과 전속계약을 맺으며, 다른 아티스트는 비전속, 즉 세션맨으로 계약하는 것이 대부분이다.

　보통 음원을 녹음할 때 기타리스트, 드러머, 코러스, 피아노 등의 연주자가 세션맨에 속하는데, 이들은 비전속이기 때문에 누구와도 일할 수 있다. 그래서 인기 많은 세션맨은 스케줄을 잡기 어려울 수도 있다. 그때그때 장르별, 스타일별, 상황에 맞는 세션맨이 필요하므로 A&R은 세션맨의 스케줄이나 일의 진행도에 세심한 신경을 쓰는 동시에, 그들과 원만한 관계를 지속하는 것이 업무효율성을 높이는 데 좋다.

작곡가

　흔히 곡을 만드는 사람으로 예전과 지금은 그 위상이 조금 달라졌다. 예전에는 작곡가가 멜로디도 만들고 반주도 하고 악보도 그렸지만, 요즘에는 작업이 매우 세분화되었으며, 여러 사람들과 협업해서 곡을 만드는 경우가 많아졌다. 어떤 작곡가는 리듬만, 어떤 작곡가는 탑 라인(노래를 부르는 멜로디)만, 어떤 작곡가는 화성코드만 만들기 때문에 한 곡의 작곡가가 5명 이상인 경우도 흔히 볼 수 있게 되었다.

각기 다른 장르가 장점인 작곡가들끼리 컬래버레이션으로 작업하는 경우도 예전보다 많아졌기 때문에 이 모든 작곡가와 함께 일해야 하는 A&R의 일도 더 복잡하고 어려워질 수밖에 없다.

예전 우리나라에서 그랬듯이 현재 K-POP이 인기 있는 중국이나 동남아시아에서는 저작권료가 제대로 지불되지 않고 있다. 그래서 우리나라 작곡가들은 해외로 곡을 판매할 때 저작권 수익을 기대하지 않고, 1회성 비용만을 생각해 국내보다 몇 배의 가격으로 곡을 판매하는 경우가 많았다.

그러나 중국이 최근 저작권에 대해 좀 더 엄격하게 관리를 시작했듯, 앞으로 글로벌 저작권 시장은 무한한 가능성이 있다. 다른 나라들 역시 조금씩 저작권에 대한 태도가 긍정적으로 바뀔 것으로 예상된다. 우리나라 역시 그랬다. 20년 전만 해도 소리바다 등 P2P 사이트를 통해 저작권과 무관하게 음악이 무료로 배포됐지만, 지금은 정식 루트가 아닌 방법으로 노래를 듣는 것이 매우 어렵다. 또한 소비자 역시 그걸 인정하고 점점 저작권의 보호가 당연한 일이 되어 가고 있다. 앞으로도 해외의 좋은 기업, 프로듀서, A&R 등과 일하면서 좀 더 너그러운 조건으로 관계를 지속하다 보면 가까운 미래에 합당한 보상을 받을 가능성이 더 높아질 것이다.

작사가

음악이 먼저냐 가사가 먼저냐는 그때그때 다르지만, 보통 작사가는 작곡된 음원의 멜로디를 듣고 그 멜로디에 글을 입히는 역할을 한다. 다른 분야에 비해 진입장벽이 낮아 작곡가나 편곡가는 물론 아티스트들이 직접 하는 경우도 많으며, 예전에는 전문 전업 작사가도 있었지만 현재는 조금씩 줄어드는 추세다. 쉽게 말해 작사만 해서는 직업으로서 영위하는 것이 쉽지 않아졌다는 뜻이다. 최근 음악 시장의 트렌드 변화로 이제는 작사, 작곡, 편곡, 녹음, 노래, 믹싱, 마스터링에 이르기까지 올라운드 플레이어가 가장 적응하기 적합한 시장으로 변모해 가고 있다.

보컬 트레이너

노래를 한다는 것은 목에 있는 성대 근육을 사용하는 것이기 때문에 과도한 발성 등 관리를 잘못하면 오랫동안 가수로 활동하기 어렵다. 그래서 이를 제대로 관리해 줄 수 있는 보컬 트레이너가 필요하다.

예전에는 보컬 트레이너의 역할이 한정적이었다. 보통 아티스트가 연습생 시절, 아티스트의 가장 예쁘고 듣기 좋은 발성, 창법 등을 가르쳐 주는 역할을 했었다. 그러나 보컬 트레이너의 수준이 점차 높아지면서 히트곡을 낸 가수들도 보컬 트레이너를 통해 목소리 관리부터 성대 관리, 나쁜 습관 교정, 음역대에 대한 교정 등을 하는 경우가 많아지는 추세다. 성대를 과하게 쓰게 되는 경우, 나중에는 제대로 목소리를 내지 못할 수도 있기 때문이다. 이는 해외에서도 그러한데, 영화 「타이타닉」의 OST로 유명한 가수 셀린 디옹을 비롯해 많은 스타 가수들도 충분히 노래 실력을 인정받은 후에도 보컬 트레이닝을 꾸준히 받는 경우가 많아지고 있다.

보컬 디렉터

보컬 디렉터는 레코딩 단계에만 함께하며, 컨트롤 룸에서 디렉팅을 해 주는 일을 한다. 아티스트가 녹음실에서 노래할 때 노래의 길잡이, 최고의 실력을 발휘할 수 있도록 도와주는 것이다. 제시간 안에 최고의 녹음 퀄리티를 이끌어 내는 데 중요한 역할이다. 보컬 디렉터가 보컬 트레이닝을 겸하는 경우도 있다.

편곡가

보통 노래를 만들 때는 여러 종류의 악기가 연주되는데, 가장 효율적인 악기 구성과 화성에 대한 재배치를 하는 사람이 바로 편곡가다. 편곡이 잘 되면 노래가 더 좋아지는 것은 물론 전달력도 높아지기 때문에 매우 중요한 역할이라고 할 수 있다.

예전에는 편곡만 하는 편곡가가 따로 있는 경우가 많았지만, 저작권의 분배율이 점차 중요시되면서 지금은 작곡가와 편곡가를 함께하는 경우가 점점 많아지고 있다. 이는 상대적으로 편곡이 쉬워졌다는 뜻이기도 한데, 예전에는 편곡가가 음역대가 각각 다른 여러 가지 악기를 모두 잘 알아야 했지만, 지금은 컴퓨터 음악이 발달하고 샘플링이 수월해지면서 악기의 특성을 잘 몰라도 원하는 음악을 만들어 내기가 쉬워진 편이다. 또한 편곡가는 보통 저작권의 매우 작은 요율만을 갖게 되기 때문에 작곡이나 작사 등 다른 분야도 함께 참여하는 경우가 많다.

현 편곡가와 오케스트라

작곡자나 편곡가의 취향에 따라 다르지만, 노래에 웅장함과 감동을 주기 위해서 오케스트라 연주를 넣기도 한다. 이때 오케스트라만 따로 편곡하는 사람이 바로 현(絃) 편곡가다. 오케스트라를 어떤 규모로 어떻게 연주할 것인지 결정하고 전체 악보를 악기별로 모두 그려야 하는 작업은 상당히 고난이도의 작업이기 때문에, 보통 음악 전공자인 경우가 많다.

현 편곡가가 편곡한 곡을 연주하는 오케스트라는 일반적으로 시향 등에서 활동하는 프로 연주자로 이루어진 오케스트라 팀들이다. 각각의 오케스트라 섭외는 단장을 통해서 하는데, 이들과의 소통 역시 A&R의 역할이다. 국내 대표적인 오케스트라 팀으로는 권석홍 프로듀서가 이끄는 RB-INJ, 심상원 프로듀서가 이끄는 LOUP 등이 있다.

레코딩/믹싱/마스터링 엔지니어

음악을 만들 때 필요한 엔지니어는 여러 종류가 있는데 레코딩 엔지니어가 각각 악기들의 소싱을 담당하는 가장 기본적인 역할을 한다. 레코딩 엔지니어는 녹음실에서 아티스트의 목소리를 포함한 각 악기의 연주를 녹음한다.

이렇게 녹음한 소스들을 2트랙 스테레오(둘 이상의 오디오 채널을 사용하는 것으로, 양쪽 스피커에서 다른 소리가 나와 더 듣기 좋은 입체감을 가지고 있다.)로 만드는 것은 믹싱 엔지니어가 담당한다. 믹싱 엔지니어는 보통 레코딩 엔지니어보다 경력이 높다. 수십 트랙의 소스를 왼쪽 오른쪽 2트랙으로 합쳐야 하는 작업은 각각의 악기 소스의 속성과 음역 레인지를 알지 못하면 제대로 해낼 수 없기 때문이다. A&R은 믹싱 엔지니어 또한 세션맨과 같은 방식으로 그때그때 적합한 엔지니어에게 믹싱을 의뢰하게 된다.

마스터링 엔지니어가 하는 일은 어렵고 복잡하지만, 간단히 얘기해서 컴프레싱과 맥시마이징 그리고 이퀄라이징 세 가지만 알면 어떤 일을 하는지는 짐작할 수 있다.

첫째로 컴프레싱은 평탄화 작업으로, 음악에서 소리가 너무 큰 부분은 줄이고 너무 작은 부분은 키우는 것이다. 일정한 소리 압력을 맞추는 작업이라고 이해하면 쉽다.

두 번째 맥시마이징은 가능한 선까지 최대한 볼륨을 크게 했을 때, 노이즈나 갈라지는 부분이 없도록 하는 것이다. 아무래도 같은 상황이면 볼륨이 크게 들릴 때 더 듣기 좋은 경우가 많기 때문에 최근 곡들의 전체 볼륨은 거의 맥스로 되어 있는 경우가 많다. 노말라이징이라고도 한다.

마지막으로 이퀄라이징이 있다. 핸드폰 또는 이어폰이나 자동차 등에서 음악을 들을 때 가장 좋은 소리의 질감이 나올 수 있도록 사운드를 정제하고 매끄럽게 다듬는 작업이다. 귀에 편하게 들릴 수 있도록 최대한 가다듬는 일종의 필터링 작업을 하는 것이다.

엔지니어 믹싱 작업

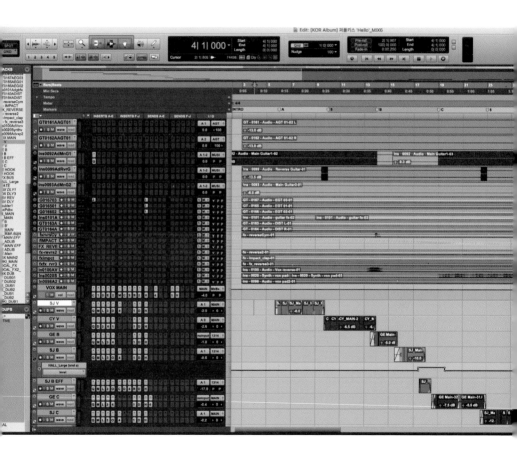

프로툴 믹싱 트랙

5

음반 제작
프로세스

다음 앨범을 준비하겠다며 굿바이 무대를 마친 밴드. 팬의 입장에서는 활동하면서 앨범도 준비하면 좋겠지만, 보통 활동하면서 앨범 준비까지 동시에 하는 것이 여간해서 쉽지 않다. 하나의 앨범이 제작되기 위해서는 여러 과정이 필요하기 때문이다.

일반적으로 음반이 기획되고 출시돼 홍보 활동을 하기까지는 짧게는 몇 달, 데뷔를 하지 않은 신인 가수나 그룹이라면 길게는 몇 년이 걸리기도 한다. 음반의 성공 가능성을 높이기 위해서는 아티스트의 능력도 중요하지만, 좋은 반응을 얻을 수 있는 트렌드에 맞는 프로듀싱을 하는 것이 필수 목표가 된다.

A&R은 물론 엔터사에 있는 직원들은 이러한 음원 제작 과정과 수행 순서인 프로세스를 이해하고 있는 것이 본인 직무의 효율성을 높이는

데 도움이 된다.

음반 제작의 과정은 다음과 같다. 이것들을 차례로 살펴보자.

① 앨범 기획(콘셉트 회의, 곡 수집 및 타이틀 곡 선정)

② 곡 녹음(소싱, 믹싱, 마스터링)

③ 자켓 및 뮤직비디오 제작

④ 홍보 활동(음악방송, 각종 이벤트, 해외 공연 및 팬 미팅 등)

앨범 기획

새로운 앨범을 내려고 하는 아티스트가 있다면 가장 먼저 해야 하는 것은 앨범 기획이다. 아티스트의 특성과 트렌드를 고려하여 콘셉트를 정하는 것이 좋다. 아티스트의 성격에 따라 앨범 기획이 달라질 수 있는 것이다. 앨범 또한 싱글인지 미니앨범(EP)인지 정규앨범인지에 따라 수록곡의 수가 달라지며, 편성해야 할 예산 또한 바뀌게 된다.

아티스트의 특성과 트렌드에 따라 여러 가지 제작 방향성이 달라질 수 있는데, 이때 누군가를 따라 하거나 예전 것을 그대로 답습하여 제작하는 것은 실패의 지름길이다.

A&R과 프로듀서, 제작자, 기획자 모두 협업해서 새로운 음반에 대한 콘셉트를 정하는 것이 좋다. 이때, 제작자의 끈기와 인내심, 아티스트

에 대한 궁극의 방향성이 무엇보다 일관성 있게 적용되어야만 성공 확률을 높일 수 있다.

녹음 및 믹스, 마스터

A&R은 가수 및 각각의 악기 세션 녹음을 진행하고, 편곡자가 만들어 놓은 모든 미디 트랙들까지 포함하여 믹싱 엔지니어에게 전달하게 된다. 믹싱을 끝낸 다음에는 마스터링을 한다. 공장에서 판매할 수 있는 형태의 CD를 만들기 직전의 단계라고 할 수 있다.

마스터링 및 믹싱은 음악의 성공과 실패를 좌우한다고 해도 될 정도로 중요한 작업들이며, 상당한 실력을 갖춘 전문가들이 국내에 많다. 요즘에는 해외에 있는 엔지니어들과 함께 작업하는 일도 빈번해지는 추세다.

자켓 및 뮤직비디오 제작

오프라인에서 판매하기 위한 CD가 포함된 아티스트의 앨범 표지 및 북릿(booklet)을 통틀어 '자켓'이라고 한다. 음원으로만 발매되고 오프라인 앨범으로는 발매되지 않는 디지털 싱글 음원의 표지 디자인은

'웹 자켓'이라고 한다.

자켓을 제작할 때는 매우 세심해야 한다. 최근에는 앨범을 오프라인 매장에서 직접 구매하는 경우가 많이 줄었지만, 그럼에도 자켓은 앨범이나 음악 혹은 아티스트의 아이덴티티를 보여 주는 얼굴이라고 할 수 있기 때문이다.

요즘같이 음원을 다량 발매하는 시대에는 예전에 비해 자켓을 덜 중요하게 생각하는 경향이 있다. 하지만 자켓은 뮤직비디오와 함께 가장 직접적으로 아티스트를 나타낼 뿐 아니라, 아티스트가 음악 이외에 디자인적·비주얼적으로 음악의 예술성을 표현할 공간이기에 여전히 중요하다. 자켓에는 아티스트의 얼굴이나 스타일을 부각시키는 경우도 있지만, 디자인적인 요소를 활용하는 경우도 많아 다양한 아이디어를 수집해 앨범의 콘셉트에 맞게 제작해야 한나. A&R은 지켓과 뮤직비디오 제작에도 참여하곤 하는데 최근에는 마스터링 작업까지만 A&R이 진행하고, 자켓 및 뮤직비디오 제작은 전담 아티스트 기획팀에서 처리하는 경우도 많다.

A&R은 뮤직비디오 제작에 앞서 음악 편집에 필요한 섭외, 계약 및 정산 처리 등을 하며, 앨범 발매 스케줄과 유통사 및 방송국 심의 일정 등 여러 팀들과의 제작 스케줄을 조율하기 때문에 중요한 역할을 하게 된다.

마마무 자켓 디자인(위) / 원어스 자켓 디자인(아래)

홍보 활동

앨범을 만든 뒤에는 A&R이 마스터 CD 및 인쇄물, 음원 데이터 등을 유통사에 전달해 발매를 준비한다. 수많은 사람의 노력이 담긴 앨범을 많은 사람에게 알리기 위해서 홍보 마케팅 활동은 기본이며, A&R이 기획팀, 홍보팀과 함께 마케팅에 참여하는 경우도 빈번하다.

홍익대학교 공연예술대학원
최학래 겸임교수

前 소니뮤직 대표 A&R

현재 하고 있는 일은?

약 20년 전에 A&R로 시작해 여러 레코드 회사를 거쳐 현재는 음원 유통 및 투자 업무를 하며, 홍익대학교에서 뮤직 비즈니스를 가르치고 있습니다. 우리나라의 A&R 1세대로서 지금까지 힘들고 어려운 일도 많았지만, 업계가 발전해 오는 과정이 보기 좋아서 지금도 떠나지 못하고 계속 일하고 있습니다.

일하면서 가장 보람을 느낄 때는?

역시 앨범이 성공했을 때 가장 큰 보람을 느낍니다. 오래전이지만 드라마 「시크릿 가든」 OST로 15배 이상의 수익을 거뒀고, 가수 출신 예능인의 앨범을 작업해 수십 배의 수익을 거두기도 했어요. 좋은 음악을 하는 것도 보람 있겠지만, 음악도 비즈니스이기 때문에 성공하는 것도 중요합니다.

일하면서 가장 힘든 점은?

제작한 앨범이 투자 대비 성공할 수 있을까에 대한 부담감이 상당히 큽니다. 회사의 자금이고 같이 결정하는 것이지만 제 책임도 클 수밖에 없으니까요. 그래서 앨범이 잘 안되면 스트레스가 매우 심하고, 앨범 하나를 낼 때마다 마치 아이를 낳는 것처럼 고통스러웠어요. 아티스트든 앨범이든 투자를 할 때는 성공 가능성을 높일 수 있도록 매뉴얼에 따라 가능한 한 많은 조사를 하고 체크를 해야 합니다. 지금도 음원유통사에서 일하면서 실패에 대한 부담감이 큰데, 이를 줄이기 위해 가능한 한 많은 팩트 체크를 통해투자 심사를 하고 있습니다.

일하면서 겪은 특별한 에피소드는?

몇 년 전 인디 가수 한 명이 제가 A&R로 일하던 회사를 찾아온 적이 있어요. 인디 가수여도 웬만해서는 유통계약은 하는 편인데 그날따라 회사에서 계약을 줄이라는 요청이내려와서 다른 기획사를 소개시켜 주면서 돌려보냈어요. 이후 그가 독특한 멜로디와음색으로 이름만 대면 유명한 아티스트가 돼서 한동안 마음이 좋지 않았습니다. 성공적인 에피소드도 많지만 실패했던 경험은 저를 겸손하게 해서 강의 시간에도 자주 이야기하곤 합니다. 다른 업계도 그렇지만 엔터 업계에서는 누가 어떻게 될지 그 누구도장담할 수가 없기 때문에 늘 겸손하게 음악과 아티스트를 바라봐야 합니다.

A&R이 되기 위해 필요한 스펙은?

A&R은 음악을 전공해야 한다고 생각하는 경우가 많은데, 음악에 대한 이해도보다는음악을 좋아하는 마음이 중요합니다. 음악을 좋아하는 데서 그치지 않고, 음악을 만들고 싶다는 마음이 있어야 좋은 A&R이 될 수 있습니다. 또 음악을 포함해 많은 분야에지식이 필요합니다. 최근 국내 대형 엔터사에서 미학, 철학, 예술 계통을 전공한 학생을우대한다는 내용의 입사 우대사항을 발표한 적이 있었어요. 음악을 포함한 문화 콘텐

츠에 관심이 있어야 아티스트의 세계관을 만들고 구성할 수 있으니까요. 이러한 스펙은 노력하고 배우는 것이 아닌, 어렸을 때부터 생활과 환경에서 받쳐 주어야 가능합니다. 저도 음악 전공자는 아니지만 발레 레슨을 하시던 어머니에게 영향을 많이 받았습니다. 음악도 많이 듣고 공연도 자주 접하다 보니 자연스럽게 A&R에 어울리는 소양을 갖추었던 것 같습니다.

A&R 지원 시 포트폴리오에 필요한 내용은?

A&R의 포트폴리오는 '음악'이 아닌 '전략'이 메인이 되어야 합니다. 지원하는 엔터사의 색깔에 맞춰서 작성하는 것도 중요하죠. 엔터사에 따라 조금씩 다르지만, 가장 핫한 그룹들의 다음 앨범 전략을 각 지역별로 짜 보면 좋습니다. 이를 제대로 알기 위해서는 홈페이지를 반드시 읽어 봐야 합니다. 지원하는 엔터사가 어떤 음악을 하고 싶어 하는지 제대로 이해하고 대표가 원하는 포트폴리오를 만들 수 있어야 하는 것이죠.

성공하는 A&R이 되기 위해서 필요한 것은?

예술적인 감각과 비즈니스적인 행정 감각 두 가지가 모두 필요합니다. 우리나라에서는 A&R을 곡 수집, 작곡가 관리, 앨범 기획 및 제작에 대한 전반적인 서포터 역할 정도로 정의하고 있어요. 하지만 미국에서는 여기에 재무나 행정적인 요소를 모두 포함하고 있습니다. 앨범을 기획할 때는 기획이나 제작만큼 관련 행정, 법제적인 문제도 중요하니까요. 그래서 A&R은 레코드 회사에서 경영자로 가장 적합한데, 실제로 소니뮤직의 CEO로 마이클 잭슨과 마돈나의 A&R이었던 분을 초빙한 적도 있었습니다.

A&R의 향후 비전은?

유명한 엔터테인먼트 그룹들이 커지고 K-POP이 큰 인기를 얻으면서 최근 5~6년 사이에 A&R이 비약적으로 발전하고 있습니다. 예전에는 미국이나 일본에서 A&R을 배워 왔다면 이제는 시스템을 수출할 정도여서 매우 자랑스럽기도 하고 뿌듯히기도 해요. 오랫동안 A&R로 일했지만 끝없이 변화하고 발전하는 과정을 보면서 저도 늘 공부하고 배우고 있습니다.

A&R을 목표로 하는 취준생에게 한 마디?

넓고 깊은 지식을 갖추어야 하는 A&R은 끊임없는 공부와 호기심이 필요한 직무입니다. 모든 분야에 관심이 있어야 앨범 작업을 하면서 모두에게 영감을 줄 수 있으니까요. A&R은 '인문학과 과학의 융합기술'이라고 해도 과언이 아닙니다. 만약 A&R이 되고 싶다면 음악만 공부하는 것이 아닌, 크리에이티브 능력을 키울 수 있는 다양한 공부와 경험을 해야 합니다. 크리에이티브 능력을 갖춘다는 것은 매우 어렵지만, A&R로 일하기 위해서는 꼭 필요한 능력이기도 합니다.

앞으로의 목표는?

현재 하고 있는 음원 유통 사업과 강의를 계속 하면서 A&R 1세대로서의 역할도 해내고 싶습니다. 국내 엔터사들은 짧은 시간 내에 크게 발전했고, A&R 역시 선진적인 시스템으로 성장 속도가 매우 빠릅니다. 이러한 모습을 제대로 이해하고 분석해 학생들에게 전달하면서 K-POP이 더 넓고 깊게 뻗어 나가는 데 일조하고 싶습니다.

PROJECT PRODUCTION
기획제작

1 기획제작팀의 꽃, 제작 플래닝

2 기획제작에 필요한 5가지

◉ 실무 인터뷰 — RBW 기획제작본부 구본영 이사

1
기획제작팀의 꽃,
제작 플래닝

전쟁터에 나가는 군인에게 총이 필요하듯이 아티스트도 스타가 되기 위해서는 대중에게 재능과 매력을 알릴 수 있는 도구기 필요하다. 바로 그 도구를 만들고 판매하는 팀이 기획제작팀이다.

기획제작팀은 아티스트를 알리고 판매할 상품, 곧 콘텐츠 프로덕트를 만드는 곳이다. 음원을 만들고 앨범을 제작하는 것은 물론, 아티스트와 음악을 홍보·마케팅하며, 콘텐츠에서 파생하여 판매할 수 있는 모든 상품을 기획하고 제작하는 곳이라고 할 수 있다.

여기에는 유가의 음원이나 M/V, 굿즈 등 판매용 상품뿐만 아니라 프로모션 및 마케팅에 사용될 영상 및 이미지, 각종 기사 및 보도자료 등을 포함한다. 이를 기획하여 제작·유통하는 것이 기획제작팀의 주요 업무다.

기획제작팀의 다양한 업무 중 가장 기본이 되는 것이 바로 아티스트와 관련된 상품을 만들어 내는 제작 플래닝이다. 제작 플래닝은 아티스트 콘셉트 기획부터 음원, 음반, 콘서트, 팬 미팅, M/V, 홍보용 콘텐츠, 보도기사 등 제작 콘텐츠와 관련된 모든 것에 대한 계획 및 스케줄이라고 할 수 있다.

제작 플래닝에서 다뤄야 하는 내용은 종류도 많고, 프로젝트에 따라 그 순서와 방법이 조금씩 다를 수 있다. 또 여러 부서와 협업해서 진행하기 때문에 단순히 기획제작팀만의 일이라고 한정짓기 어려운 부분도 있다. 결국 기획제작팀은 엔터테인먼트 회사의 여러 부서와의 협업과 업무 분장을 통해 콘텐츠 제작 업무를 끌고 나아가는, 일종의 '일을 만드는 일' 역할을 한다고 볼 수 있다.

회사에서 누구도 올해 EP 앨범 2장, 싱글 2장을 발매해야 한다고 강제하지 않는다. 기획제작팀의 목표 설정이 있을 뿐이다. 앨범의 제작 계획이 수립되어야만 앨범의 콘셉트 기획과 자켓의 디자인이 시작될 것이며, 음반을 유통할 날짜를 유통사와 협의하여 잡을 것이고, 저작권협회의 복제 승인 절차가 진행이 될 것이며, 마스터링과 뮤직비디오의 종편 편집과 심의 절차가 진행될 것이다.

제작 플래닝이 없다면 아티스트는 물론 엔터사의 존재가 없다고 해도 과언이 아니다. 기획제작팀에서 앨범 제작 및 발매 시점을 정해서 끌고 가지 않으면 언제 앨범이 나올지 알 수 없을지도 모른다. 이처럼 '일을 시작하게 만드는 일', 우리 아티스트의 신보가 이번 가을에 반드시 나와야만 하다는 명분과 계획을 만드는 일이 바로 기획제작팀의 제작 플래닝이다.

제작 플래닝을 통해 그 안에서 벌어지는 여러 가지 콘텐츠 제작 과정을 하나씩 살펴보고 이해하게 된다면 엔터테인먼트 사업의 시작과 끝, 목표와 비전 등 모두 들여다볼 수 있을 것이다.

트렌드와 키워드

신인개발팀에서 지난 2년간 야심 차게 준비해 온 아티스트가 있다고 가정해 보자.

기획제작팀에서의 아티스트 기획은 팀 혹은 부서, 회사의 기본적인 제작 능력을 파악하는 데서 시작한다. 제작의 여러 프로덕트 중 어디까지를 내부 인력으로 만들고, 어디서부터 외부 협업을 통해 만들어 갈 것인지에 대한 1차적인 고민이 필요하다.

음원을 녹음하고 필요한 영상을 촬영해야 한다면 업무를 진행할 수 있는 직원, 녹음실, 촬영스튜디오 등이 있는지 확인해야 한다. 제작에 필요한 장소와 스태프를 구성하기 위해서다. 내부의 인프라가 확보되지 않았다면, 외부의 어떤 팀들과 협업을 할 것인지, 예산은 충분히 확보하고 있는지 등을 미리 파악해서 정해야 한다.

성공적인 제작을 위해 현재 회사의 인프라를 가장 효율적으로 활용하고 있는지 먼저 살피는 것은 중요하다. 이러한 고민과 이해 없이 걸 그룹이 인기 있으니까 혹은 보이그룹이 유행이니까 한번 제작해 보는 게 어떨까 하는 막연한 시작은 위험하다.

사전에 여러 가지 고민해 보고 새로운 아티스트 제작을 결정했다면 그다음 우선시해야 할 것은 바로 해외 니즈를 반영한 트렌드 예측이 다. 대중음악은 사회적 유행과 관심의 변화에 대한 흐름을 따른다. 심 지어 날씨, 계절, 사회적 이슈, 정치, 군중심리까지도 반영한다.

아티스트를 데뷔시키기로 결정한 뒤에는 트렌드를 예측하고 현재 시점은 물론 아티스트가 데뷔할 시점에 대해 가능한 한 구체적인 예측 을 해야 한다. 그런 예측을 반영하여 유행과 트렌드를 앞서 나가는 제 작이 이루어졌을 때 훨씬 성공할 확률이 높아진다.

최근에는 K-POP이 글로벌화되면서 국내뿐만 아니라 해외의 니즈 까지 반영해야 하므로 챙겨야 하는 일이 더 많아졌다. 챙길 일이 많아 진 만큼 제대로 준비한다면 그야말로 대박의 가능성도 기대할 수 있게 되었다.

트렌드를 예측하는 것은 확률에 관한 문제로 너무 과하게 독창적이 면 트렌드가 될 수 없다. 보편적인 이해도를 바탕으로 대중으로 하여 금 새로운 공감대를 만들 수 있는 키워드를 제시하는 것이 좋다.

트렌드 예측은 아티스트, 음원, M/V 등 콘텐츠 프로덕트 하나하나에 녹아들어 있는 일관성 있는 주제와 방향을 정하기 위해 필요하다. 이 러한 작업은 전달하고자 하는 사상이나 이미지, 메시지 및 아티스트가

원위의 M/V 촬영 현장

'룸메이트' M/V를 모니터 중인 원위

펼쳐 보이고자 하는 세계관 등을 나열할 수 있는 간단한 키워드로 정리하면서부터 시작된다.

우리가 제작한 음원이 발매될 시점을 고려하여 아티스트와 음악에 반영될 수 있는 여러 가지 키워드들을 나열하여 정돈하고, 그 키워드들이 연관성을 가지며 콘텐츠에 녹아들어 가는지를 제작 내내 고민하는 것이 중요한 포인트다.

물론 나열된 키워드들이 모두 반영되거나 서로 완전히 일맥상통해서 시너지를 내는 것은 아니지만, 오히려 그러한 우연이 콘텐츠에 더 큰 재미와 즐거움을 줄 수 있는 것도 사실이다.

올림픽 여름 뜨거운 태양

귀엽지만 어리지 않음

당돌함 발칙한 도발 미래에 대한 희망

중성적 매력 비비드한 색감

수영장 코로나 블루

다양한 키워드(예시)

음반 제작 프로세스

제작해야 할 아티스트가 정해지면 음원(음반)에 대한 발매 일정을 여러 부서와 조율하게 된다. 기획제작팀 단독으로 진행할 수 없으며 프로듀서의 일정, 가수의 컨디션 및 팬들의 니즈, 매니지먼트팀의 방송 섭외 상황 등 여러 요소를 고려해서 정하게 된다.

발매 일정을 검토하는 동시에 싱글 혹은 음반, 앨범이라면 정규앨범 혹은 EP(미니)앨범 등의 발매 형태를 결정해야 한다. 음원의 발매 일정이 결정되고 발매 형태가 정해지면 이에 따라 기획제작팀에서 준비해야 할 내용들이 정해진다. 이렇게 발매할 콘텐츠를 수급하고 준비하는 그 과정 모두가 제작 프로세스다.

1) 음원 마스터 확보

프로듀서 및 A&R 팀의 녹음 진행을 확인하여, 발매 일정을 맞춰야 한다. 음원 마스터, 크레딧 정보, MR 등 각종 플랫폼사에서 요구하는 형태의 편집 음원 등을 수급한다.

2) 자켓 디자인

기획회의에서 정해진 콘셉트에 맞춰 디자인팀과 협업하여 앨범에 맞는 디자인 이미지, 자켓 등을 수급한다. 이때, 아티스트의 새로운 사진이 필요한 경우에는 사전에 조율된 헤어, 메이크업, 의상 등으로 메이크 오버하여 포토그래퍼와 함께 촬영한다. 그리고 촬영된 이미지를 보정 편집하여 디자인팀에 넘겨야 한다.

3) M/V의 기획 및 제작

음반을 홍보하기 위한 가장 기본 수단인 M/V는 K-POP을 성장시킨 가장 중요한 콘텐츠 프로덕트다. 아티스트의 콘셉트와 음악의 주제에 맞는 적절한 M/V를 제작하고, 효율적인 방식으로 마케팅해야 한다. M/V 기획은 아티스트 및 음악을 기획하는 일만큼이나 중요하다. M/V 자체가 아티스트이고 음악일 정도로 콘텐츠의 이미지와 메시지, 주제, 키워드 등 모든 걸 담고 있어야만 성공 확률을 키울 수 있다.

PURPLEKISS TIME TABLE (1회차)

(상황에 따라 변동될 수 있습니다)

감독 : 김○○ / 조감독 : 이○○

총 2회 중		1 회차				집합시간 및 장소			
2월 27일		날씨	일출 7:24	1차 집합장소	시간	2차 집합장소	시간	3차 집합장소	시간
			일몰 18:11	○○○○ X동	5:30				

구분	D/N	P.N	SET	내용	등장인물	Time Table	비고
1				STAFF 도착 및 촬영준비		06:00 ~ 06:30	
2				ARTIST 도착 및 촬영준비		06:30 ~ 08:30	
3		16	B 세트(천)	SOLO IMAGE - 지은 (거미)	지은	09:00 ~ 10:30	의상 - 블랙 드레스 괴수 09:00 IN
4		26	B 세트(천)	SOLO IMAGE - 채인 (화살)	채인, 고은괴수	10:30 ~ 11:30	의상 - 채인 : (미정) 의상 - 고은 : 블랙 블라우스
5				중식 및 촬영준비		11:30 ~ 13:00	
6		29	B 세트(천)	SOLO IMAGE - ALL (실루엣)	퍼플키스	13:00 ~ 14:30	준비된 멤버부터 1명씩
7		5	B 세트(천)	DANCE PERFORMANCE B	퍼플키스	14:30 ~ 16:30	
8		14	B 세트(천)	GROUP IMAGE - 괴수	퍼플키스 괴수	16:30 ~ 17:30	
9				석식 및 촬영준비		17:30 ~ 19:00	
10		24	B 세트(천)	SOLO IMAGE - 유키 (와이어)	유키	21:00 ~ 22:00	특수효과 - 와이어
11				촬영준비		20:00 ~ 21:00	
12		20	B 세트(천) or C 세트(복도)	SOLO IMAGE - 도시 (나무)	도시 괴수	19:00 ~ 20:00	
13				촬영준비		22:00 ~ 22:30	
14		23	C 세트(복도)	SOLO IMAGE - 유키 (복도)	유키	23:30 ~ 00:30	
15		22	C 세트(복도)	SOLO IMAGE - 이레 (복도)	이레	00:30 ~ 02:00	
16				촬영준비		02:00 ~ 02:30	
17		18	C 세트(복도)	SOLO IMAGE - 고은 (복도)	고은	02:30 ~ 03:30	특수효과 - 불
18		13	C 세트(복도)	GROUP IMAGE - 액자 소스 촬영 (크로마 인서트)	퍼플키스	24:00 ~ 24:30	

LOCATION ADDRESS	비고	연출	촬영
○○○○ X동	P.N은 PPT 우측 하단에 적힌 페이지 넘버 입니다.	이○○ 조감독	김○○
		미술	조명
		박○○	정○○

퍼플키스의 M/V 촬영 큐시트

4) 홍보 마케팅

음원과 프로덕트를 알릴 수 있도록 여러 플랫폼과 조율하여 판촉 및 마케팅 해야 한다. 대표적인 플랫폼으로는 언론사와 방송사는 물론 멜론, 벅스, 네이버, 카카오, 플로 등의 음원 사이트, 각종 포털 사이트와 K-POP 커뮤니티 등이 있다. 그 수가 많기 때문에 사전에 준비를 잘 해야 하며, 각 플랫폼에서 원하는 자료를 충분히 제공해 주어야 한다.

음원을 플랫폼에 공급하는 일은 음원 제작만큼이나 중요한 일이라는 것을 잊지 말고 작은 컴플레인도 없도록 늘 주의를 기울여야 한다. 각각의 플랫폼사가 요청하는 음원은 매우 다양해 길이를 20초부터 분 단위로 가공하거나 MR을 제공하기도 한다. 또 아티스트가 방송에 출연하는 경우는 방송국 쪽에서 미리 무대 조명이나 아트에 대한 세팅을 해야 하기 때문에 의상, 헤어, 안무 동선 등의 사전정보를 요청하기도 한다.

그래서, 아티스트의 무대 동선 파악을 위해 각각의 멤버와 댄서들이 가슴에 이름을 크게 붙이고 따로 영상을 만들어 보내 주기도 하며, 이밖에도 포인트 안무, 자연스러운 인사, 메이킹 필름 등 음원 홍보용 짧은 영상을 요청하는 경우도 많다.

음원유통사, 방송사, 포털사이트 등 모두가 거래처이기 때문에 음원 발표 전후에 그들과의 소통과 관계는 매우 중요하다. 음원유통사와 방송사, 포털 등과의 미묘한 관계도 미리 파악해 두어야 한다. 경쟁사에 똑같은 콘텐츠를 동시에 공급하거나 실수로 날짜에 차등을 둔다면 문제가 될 수 있기 때문이다.

지난 2021년 9월에 신인 아티스트 퍼플키스가 컴백을 할 때도 기획제작팀은 바쁘게 움직였다. 퍼플키스의 컴백 날짜가 정해진 뒤, 기획제작팀에서는 A&R팀과 프로듀서가 만든 5곡을 대표 프로듀서의 컨펌으로 추릴 수 있었다. 이후 콘텐츠 회의를 통해 대표가 픽스한 타이틀곡에 대한 M/V 1차 촬영을 컴백 2주 전에 완료했고, M/V를 편집하고 수정하면서 최적의 상태로 공개하기 위해 준비했다. 이후 자켓과 앨범 형태, 북릿과 사진, 포토카드 등의 부속 프로덕트를 결정하고 견적을 받으며 일정에 맞게 완료될 수 있는지 협력업체와 조율했다. 프로덕트를 만드는 동시에 각종 플랫폼에 컴백 날짜에 맞춰 음원이 업로드와 동시에 발매가 가능한지를 수차례 확인했으며, 요청했던 노출 구좌가 오케이된 곳도 있지만, 경쟁에서 밀려 거절당한 곳도 있었다.

물론 스타 아티스트의 경우는 이 과정이 조금 더 간단해질 수도 있다. 그러나 대부분의 신인 아티스트의 경우는 각 플랫폼과 조율하고 부탁하며 서로 협상하는 것이 일반적이기 때문에 기획제작팀은 실망하지 않고 발매 후 팬덤 확보와 음원 판촉에 팀원 모두가 밤낮으로 힘을 쏟았다.

타이틀곡 기획

타이틀곡은 아티스트와 엔터사의 흥망성쇠를 좌우한다고 해도 과언이 아닐 정도로 민감하고 중요한 일이다. 타이틀곡에 따라 그동안 역량을 기울인 모든 기획과 이미지, 콘셉트 전체가 다 바뀔 수 있기 때문이다. 또 타이틀곡이 일관성을 가지지 못하면 아티스트의 성장에 혼란이 있을 수 있고 기대한 결과를 얻지 못할 수도 있다.

그래서 타이틀곡을 정하는 것은 대표 프로듀서나 대표이사의 권한이라고 할 수 있다. 대형 엔터사에서는 프로듀싱에 참여하지 않는 대표가 타이틀곡을 결정하기도 한다. 최근에는 사내 직원이나 외부 모니터링을 진행해 의견을 들어 보는 경우도 많은데, 이 과정 역시 기획제작팀에서 진행해야 할 일이다.

외부 모니터링은 타이틀곡이 될 수 있는 여러 후보 곡을 정한 뒤 시청회를 가지는 것이다. 일부 팬들과 음악에 관심이 많은 10~20대를 선별해서 모니터링을 의뢰하면 된다. 음악학원에서 하는 것이 일반적이지만, 10대 학생들이 많은 보습학원 등에서 이루어지기도 한다. 음악을 들려주고 어떤 곡이 제일 좋은지 어떤 이유에서 그러한지, 부족한 부분은 없는지, 좋은 부가적인 아이디어는 없는지 등을 설문조사하며 의견을 듣는다.

여러 과정을 거쳐 신중하게 타이틀곡을 정해도 뜻밖의 결과가 나오기도 한다. A곡으로 데뷔를 했는데 활동하면서 B곡이 더 좋은 반응이 오는 경우다. 규모가 있는 엔터사라면 B곡으로 다시 홍보를 새롭게 시작할 수도 있겠지만, 작은 엔터사라면 예산이나 여러 가지 문제로 제대로 뒷받침해 주지 못해 결과가 아쉽게 끝나는 경우도 있다.

타이틀곡뿐 아니라 앨범에 들어간 음원이 모두 중요하다는 것은 기획제작팀이라면 기본으로 가져야 할 생각이다. 음원은 아티스트의 캐릭터와 앞으로의 성장 방향성을 그대로 드러내기 때문에 캐릭터나 이미지에 맞지 않는 곡이 수록곡에 있으면, 앨범 전체의 조화를 해치고 음원에 들어간 비용과 노력에 해가 될 수도 있다.

수록곡을 정할 때 무엇보다 중요한 것은 아티스트의 일관성이다. 아티스트가 성장하는 방향성 안에서 곡을 선정하고 타이틀곡을 결정해야 한다.

처음에는 아이돌로 데뷔했는데 잘 되지 않아 되도 않는 트로트 곡을 타이틀로 한다든가, 조용한 이미지의 발라드곡으로 데뷔했는데 파격적인 댄스곡으로 전환한다면 일관성이 무너져서 기존의 팬들도 돌아설 수 있다. 아티스트와 성장 스토리 속에서 타이틀곡이 잘 어울릴 수 있도록 최선의 방향을 선택해야 한다.

몇 년 전 월드컵 시기에 음반을 발표한 한 아티스트가 있었다. 앨범에는 파이팅 있고 의욕 넘치는 곡들이 대부분이었던 터라 월드컵과 맞아떨어지면서 기대 이상의 좋은 반응을 얻을 수 있었다. 이처럼 당시 시기의 이슈를 미리 예측해서 타이틀곡을 선정하는 것도 아티스트의 성공 가능성을 높일 수 있는 방법 중 하나다.

안무 제작 기획

　음악을 듣는 것만큼이나 보는 것도 중요한 시대가 된 지 오래다. 그래서 음악만큼이나 비주얼과 안무는 아티스트의 성공에 있어 빼놓을 수 없는 부분이 되었다. 그중에서도 안무는 무대에서의 크리에이티브를 뽐낼 수 있는 좋은 영역이다. 각각의 특별한 동작들과 싱크로나이즈드된 군무는 음악이 주는 감동과 무대에서의 임팩트를 배가시키기 충분하다.

　심지어 음악보다 안무가 더 인기를 얻고 이슈가 돼서 역으로 음악이 주목을 받게 되는 경우도 있을 정도다. 안무 제작은 음반이나 M/V만큼 중요한 영역이 되었고, 발매 이후 마케팅에서도 중요한 요소로 사용되기도 한다.

　안무 커버 영상 등을 바이럴 마케팅 사례로 쓴 예는 흔히 볼 수 있다. 최근에는 이슈가 될 수 있는 포인트나 기발함과 독특한 포인트를 일부러 안무에 넣기도 한다.

　기획제작팀에서는 안무가들을 섭외하고 시안을 요청하고 받아 내고, 계약을 체결하는 일까지 전반적인 안무 제작 프로세스를 진행하게 된다. 이때 안무가들에게 제작 의도, 아티스트의 캐릭터, 홍보 방향성 등을 설명해 주고 이에 어울리는 안무를 받을 수 있어야 한다.

　안무 제작은 비교적 단순한 업무이지만, 가끔은 복잡한 업무가 되기도 한다. 안무를 사용하지 않고 시안을 받는 것만으로도 비용을 지불

안무 연습 중인 연습생

해야 할 때도 있으며, 여러 시안을 혼합해서 사용하는 경우도 있을 수 있다. 요즘에는 안무의 저작권도 문제가 될 수 있기 때문에, 계약서를 꼼꼼하게 작성하여 향후 콘서트나 다른 무대에서 안무를 사용할 때 문제가 없게 해야 한다. 이러한 과정에서 트러블 없이 가장 좋은 안무를 기획·제작하여 좋은 결과를 만들어 내는 것이 기획제작팀의 역할이다.

20○○년 마마무가 새 앨범을 준비할 때였다. 다양한 안무를 보고 싶어 세 곳에 안무를 의뢰했다. 세 곳 모두 나쁘지 않았지만, 마음에 드는 부분이 조금씩 있었고 그래서 세 개의 안무를 섞어서 다시 안무를 짜게 됐다. 그렇게 만들어진 안무를 연습하면서 아티스트들의 아이디어까지 들어가 독특하면서도 다채로운 안무가 탄생했고, 더 높은 인기를 얻을 수 있었다.

M/V 제작 기획

M/V는 종합예술인 만큼 결정해야 할 것도 많고, 참여하는 인력도 많다. 촬영장에 가 보면 40~50명은 기본으로 모여 있을 정도로 M/V 제작에는 복잡한 과정과 노력이 수반된다. 또한 회사, 가수, 앨범마다 제작 방식도 각각이다.

일반적으로는 엔터사에서 타이틀곡에 대한 M/V 아이디어를 기획한

M/V 촬영 현장

뒤 거기에 맞는 M/V 프로듀서를 정하기도 하고, 타이틀곡을 여러 감독들에게 보내 주고 그들이 새로운 M/V 아이디어를 기획하면 받은 제안들 중에서 선택하여 제작을 하는 경우도 있다.

가끔 M/V는 감독이나 외주제작사에 의뢰만 하면 된다고 생각하는 경우가 있는데, 그렇게 단순하게 진행되는 경우는 극히 드물다. 어떤 경우든 엔터사에서 결정하고 제작비용을 감당하기 때문에 M/V와 관련된 업무는 온전히 기획제작팀의 일이라고 할 수 있다.

기획제작팀 및 M/V 감독 및 스태프들은 한 편의 M/V를 위해 여러 가지 노력을 해야 한다. 비슷한 장르의 M/V 레퍼런스를 찾아 적용하기도 하고, 다양한 스토리와 이슈 포인트 장면을 만들어 내기도 하며, 외국의 핫한 트렌드, 장소, 스토리 등을 적용하여 최신 스타일과 트렌드를 반영시키기도 한다.

M/V 제작은 비용이 많이 들기 때문에 본격적인 촬영 이전에 가능한 한 꼼꼼한 기획이 필수다. 한 번의 촬영을 위해 필요한 스태프도 매우 많으며, 후반 작업까지 생각해야 하기 때문에 구체적인 기획과 예산안이 필요하다. 물론 최초 기획과 예산안을 정한다고 해서 그대로 완전히 똑같이 되는 경우는 거의 없지만, 어느 정도의 틀은 있어야 한다.

만약 적은 비용이 책정된다면 아이디어를 기본으로 제작을 기획하는 것이 좋고, 넉넉한 예산이 책정된다면 웅장한 스케일이나 이국적인 분위기 또는 임팩트 있는 세트장 기획도 실현할 수 있을 것이다.

다른 분야와 마찬가지로 M/V도 적은 예산으로 만든다고 해서 실패

하는 것도 아니고, 많은 비용을 들인다고 해서 성공하는 것도 아니다. 그래서 M/V의 아이디어는 더욱 중요하다. 약 4~5분 안에 음악에 대한 포인트와 방향은 물론 아티스트에 대한 이미지와 비전까지 임팩트 있게 담아내는 종합예술이 바로 M/V인 것이다. 이를 위해 제작자의 창의력은 물론 감독, 프로듀서, 기획제작팀이 모두 함께 모여서 좋은 기획안과 결과물을 만들어 내는 것이 무엇보다 중요하다.

비주얼 디렉팅

대중음악에서는 기본적으로 보여지는 게 매우 큰 비중을 차지한다. 아티스트에게는 감각적인 의상, 헤어, 액세서리의 컬러와 소재 등은 매우 중요하다. 그렇기 때문에 눈에 보이는 세세한 부분들까지 트렌드에 맞게 준비하고 디테일을 감각적으로 챙기지 않으면 '코디가 안티' 등의 짤을 양산시키기도 한다. 애써 만든 아티스트의 이미지를 올드하거나 촌스럽게 만들어 버리는 것이다. 그래서 비주얼을 전문적으로 구현하는 비주얼 디렉팅 업무가 점점 더 중요해지고 있다.

비주얼 디렉팅을 할 때 가장 중시해야 하는 세대는 바로 10~20대다. 이들이 가장 음악을 많이 소비하는 세대이기도 하거니와 핫한 유행에 가장 먼저 반응하는 세대여서 이들에 대한 연구가 이루어지지 않고서는 제대로 된 트렌드를 따라가기가 쉽지 않기 때문이다.

트렌드 변화는 레드에서 갑자기 블루가 되는 것이 아니라, 레드에서 레드오렌지, 레드오렌지에서 핑크오렌지, 핑크오렌지에서 핫핑크가 되는 등 어느 정도 비슷한 면을 가지면서 디테일이 조금씩 바뀌는 경우가 많다.

음악 역시 갑자기 인기 장르가 변하는 것이 아니라 밴드 음악에서 포크 음악, 댄스에서 댄스 힙합 등으로 조금씩 변해 간다는 것을 비주얼 디렉터는 충분히 인식하고 그 안에서 새로운 트렌드를 만들어 갈 줄 알아야 한다.

트렌드는 엔터테인먼트 회사에서 매우 중요하기 때문에 비주얼 디렉터뿐만 아니라 기획제작팀에서 일하는 모든 직원들도 트렌드에 대해 관심을 가지면서 감각을 키우는 것이 좋다.

트렌드에 대해 막연하게 생각만 하는 것이 아니라 핫한 SNS나 포털 사이트들을 꾸준히 들여다보면서 10~20대 그리고 대중이 좋아하는 관심거리나 언어에 대해서도 민감하게 볼 필요가 있다. 그런 부분을 잘 리서칭하고 잘 어울리게 변형시키면 아티스트가 표방하는 콘셉트로 발전시킬 수도 있으며, 좋은 키워드를 뽑아내는 데도 유용하다.

비주얼 디렉팅에 트렌드와 함께 필수로 들어가야 할 것은 콘셉트 메이킹, 즉 스토리텔링이다. 각각의 아티스트는 모두 이야기를 가진 캐릭터라고 할 수 있다. 그래서 아티스트의 비주얼로부터 장점과 단점을 충분히 이해한 뒤에 신화나 영화 혹은 애니메이션의 캐릭터에 투영시키고, 가능한 한 대중에게 친근하면서도 익숙한 느낌을 주는 캐릭터로

원어스 '발키리' 북릿

비주얼 디렉팅을 하는 것이 훌륭한 콘셉트 메이킹이자 고도의 비주얼 디렉팅이다.

RBW 소속 그룹인 원어스의 경우, 데뷔 때 가장 먼저 연상되는 것을 찾다가 북유럽 신화의 전투 여신 '발키리'와 연결시킨 바 있다. 곡 분위기와 아티스트가 잘 어울렸기 때문에, 많은 사람들의 기억에 오래 남을 수 있었다. 나중에는 '발키리' 하면 원어스가 생각난다고 말하는 팬들도 많았는데, 이렇게 바로 연상할 수 있게 하는 것이 비주얼 디렉팅의 가장 효율적인 방법이라고 할 수 있다.

간혹 명품 브랜드 의상이나 너무 특이한 디자인 의상으로 비주얼 이슈를 끌어 아티스트의 이미지를 만들려는 경우도 있다. 하지만 이것은 쉽게 가려고 한 것일 뿐 제대로 된 비주얼 디렉팅이라고 할 수 없다. 명품으로만 만들어진 비주얼은 그저 허세와 고급에 편승하려는 이미지로만 각인될 것이고, 너무 특이하게 비주얼이 포장된 경우에는 그 전보다 계속 더 특이한 비주얼로 발전하는 것이 불가능하기 때문에 좋은 방법이라고 할 수 없다.

만약 회사에 비주얼 디렉팅을 담당할 직원이나 예산이 없다면 아티스트와 함께 직접 고민하고 결정하는 것도 좋은 방법이다. 비록 연습생이더라도 아티스트는 자신만의 독특한 색깔과 감성을 가지고 있고, 자신의 장점과 단점을 누구보다 잘 느끼고 있을 것이다. 아티스트로서 가장 효율적으로 원하는 것을 나타낼 수 있는 사람은, 바로 그 자신이기 때문이다.

스토리텔링 콘텐츠 기획

기타 제조업이나 다른 서비스업도 마찬가지지만, 홍보 마케팅은 엔터사가 해야 할 업무 중 기본 중의 기본이다. 하지만, 다른 산업군들과 달리 콘텐츠 산업은 홍보 마케팅에 미묘한 차이가 있다. 음악 콘텐츠를 더 많이 알리기 위해 음악에서 파생된 다른 콘텐츠를 더 만들어야 한다는 점이다.

화장품을 많이 팔기 위해 콘텐츠를 만들어 마케팅을 한다.
자동차를 많이 팔기 위해 콘텐츠를 만들어 홍보한다.
엔터사는 콘텐츠를 많이 팔기 위해 콘텐츠를 만들어야 한다.

쉽게 빗대어 얘기하면, 오렌지를 많이 판매하기 위해 오렌지 주스, 오렌지 샐러드, 오렌지 과자를 만들어야 한다는 얘기다. 콘텐츠를 이용한 콘텐츠 마케팅은 그래서 더 어렵고 디테일한 작업이 필요하다.

음원의 판매를 위해 다른 음원을 제작하거나 영상을 만들어야 할 때, 이 역할 또한 기획제작팀이 하게 된다. 아티스트의 인지도를 높이고 더 많은 사람이 음악을 소비하게 하기 위해서 기획제작팀은 음원과 M/V뿐만 아니라 다양한 파생 콘텐츠를 만들어 홍보해야 하는 것이다.

그렇다고 "우리 음악을 들으세요. 우리 아티스트의 보이스가 훌륭해요."와 같이 단순한 홍보용 멘트나 광고 카피는 전혀 도움도 되지 않을 뿐더러 오히려 아티스트 이미지에 안 좋은 영향을 미칠 수 있다. 그래서 콘텐츠를 홍보하기 위한 파생 콘텐츠를 제작할 때는 반드시 그럴 만한 이유, 근거, 명분 등의 개연성을 따져서 생산하는 것이 중요하다. 아티스트의 매력과 장점을 간접적으로 어필할 수 있는 콘텐츠들을 생산하고 음악과 아티스트를 동시에 알리려는 홍보 마케팅 노력이 필요한 것이다.

여기에서 바로 스토리텔링 기획이 필요하게 된다. 이제 막 데뷔했거나 컴백을 한 아티스트 또는 그룹이라면 음원이 발표된 이후에 새로운 콘텐츠가 계속 공급되는 것이 좋다. 데뷔 첫째 주, 둘째 주, 한 달 등 시간의 흐름에 따라 팬들이 지루해하지 않고 아티스트의 매력에 점점 빠져들게 해야 한다. 이를 위해 호기심과 텐션이 떨어지지 않도록 그 시기에 맞는 스토리텔링 콘텐츠들을 만들어 홍보하는 것이 중요하다.

스토리텔링 콘텐츠가 너무 생소하면 팬들의 공감을 얻기 어려울 수도 있다. 그래서 스토리텔링 콘텐츠의 소재는 아티스트 근처에서 찾는 것이 좋다. 데뷔 전 연습생 시절을 비롯해 M/V 촬영 비하인드, 백스테이지 에피소드, 안무를 짜거나 연습할 때 일어난 대화나 행동, 음원 녹음 과정에서 일어났던 일 등이 모두 스토리텔링 콘텐츠가 될 수 있다. 간단히 정리해 보자면 다음과 같다.

"데뷔를 앞두기까지 험난했던 그 시간들"
"그 과정에서 흘렸던 땀과 눈물에 대한 스토리"

"3년 만에 데뷔한 아티스트들의 의지가 담긴 메시지들"

"함께 기뻐하는 부모님과 친구들, 함께 연습한 멤버들 간의 진한 우정과 감동의 스토리"

"안무를 연습하면서 벌어졌던 재미있는 에피소드"

2021년 9월에 퍼플키스가 컴백했을 때도 마찬가지였다. 앨범 발매 2주 전에는 앨범의 로고와 티저 영상을 만들었다. 특히 티저 영상은 5~10초 길이로 네 개를 제작해 2주에 걸쳐 공개를 했는데, 이는 팬들에게 기대감을 주고 긴장감을 유발하면서 호기심을 갖게 하려는 시도였다.

팬 혹은 팬이 될 사람들을 위해 다음 것을 궁금해하도록 만드는 것, 이것을 포인트로 기획제작팀에서는 신선하고 개성 있는 아이디어를 발휘해 아티스트의 색다른 콘텐츠를 제작할 수 있어야 한다.

이러한 콘텐츠들을 미리 제작해 타이틀곡에 대한 긴장감을 늦추지 않도록 적절한 시기에 공개하는 것이다. 이를 위해서 데뷔가 결정된 이후 아티스트에게 카메라 한 대를 밀착시켜 일상을 수집하는 것도 좋은 방법이다. 아티스트가 직접 영상을 찍으며 V-LOG를 해 보는 것도 좋은데, 매력적인 부분뿐 아니라 실수나 우연을 통해 재미있는 에피소드를 만들어 낸다면 좋은 콘텐츠로 이어질 수도 있다.

이런 과정을 겪으면 아티스트 역시 카메라에 익숙해질 수 있다는 커다란 장점이 있다. 스토리텔링 콘텐츠는 팬들의 관심도를 유지할 수 있는 매우 좋은 방법으로 가랑비에 옷 젖듯이 꾸준히 생산하고 홍보해야 한다. 어떤 때는 콘텐츠를 폭풍처럼 퍼붓듯이 뿌려 가면서도 홍보해야 한다. 이 두 가지를 적절히 섞으면 아티스트의 성공 가능성은 더 높아질 것이다.

스토리텔링 콘텐츠를 기본으로, 초반에는 라이트한 콘텐츠를 보여주고 이후 임팩트 있는 콘텐츠를 서서히 제시하면서 전략적으로 홍보 마케팅을 펼친다면 '가랑비와 폭풍 전략'이 제대로 적중할 수 있을 것이다. 공포영화에서 가장 행복하고 아무 일도 안 일어날 것 같은 시점에 무서운 장면이 나와야 가장 공포스러울 수 있는 것과 마찬가지다.

쇼케이스 기획

쇼케이스는 기자 쇼케이스와 팬 쇼케이스로 나눌 수 있다. 두 가지 모두 단순하게 새로운 무대를 보여 주는 시범적인 의미만 가지고 있는 것은 아니다.

특히 기자 쇼케이스는 홍보 마케팅 차원에서 '가랑비와 폭풍 전략' 중 폭풍에 해당하는 부분이다. 이를 잘 활용하면 아티스트가 데뷔나 컴백했을 때 데뷔다운 혹은 컴백다운 홍보를 할 수 있는 중요한 장치가 된다.

기자 쇼케이스는 기자들이 가지고 있는 매체력과 홍보력을 충분히

Rainbowbridge World

원어스 컴백 쇼케이스 [BINARY CODE] - PRESS

CUE SHEET - 2021.05.11 (TUE.) PM 3 @○○○○○ HALL

MC : 김○○   Directed by ○○○○○ 20210510 Ver.

NO	타임	러닝타임	구분	제목	안무	영상	음향	조명	비고
			BG	PRESS 입장 - BG : '데빌' 전곡 루핑		TITLE	BG	White	
1	1'00"	1'00"	VCR 1	Opening VCR		VCR	S.O.V	Black out	
2	2'00"	3'00"	TALK 1	Opening Ment - MC 등장 및 인사 - 쇼케이스 및 진행순서 소개		TITLE	Hand 1 (마이크택)	White	
3	10'00"	13'00"	PHOTO	PHOTO TIME - 아티스트 호명하면 입장 (개인>단체 순으로 촬영) - 개인포토 순서 : 시온>환웅>건희>이도>서호>레이븐 *포토타임 종료 후 멤버들 Hand 마이크 전달		TITLE	Hand 1 (마이크택)	White	
4	10'00"	23'00"	TALK 2	TALK with MC - 아티스트 단체 인사 및 개인 인사 - 아티스트 먼저 퇴장 후 다음 무대 준비 및 Headset 교체 - 다음 곡 '물과 기름' 무대 소개 후 MC 퇴장		TITLE	Hand 7 (마이크택)	White	
5	3'27"	26'27"	SONG 1	**물과 기름**	O	VJ	Headset 6	Show	
6	10'00"	36'27"	TALK 3	TALK with MC - 아티스트 퇴장 후 헤어 & 메이크업 수정 및 Hand 마이크 교체 - MC 먼저 등장 - 앨범 관련 토크 - 아티스트 먼저 퇴장 후 다음 무대 준비 및 Headset 교체 - 다음 곡 'BLACK MIRROR' MV 및 무대 소개 후 MC 퇴장		TITLE	Hand 7 (마이크택)	White	
7	3'38"	40'05"	VCR 2	"BLACK MIRROR" MV		VCR	S.O.V	Black out	
8	3'38"	43'43"	SONG 2	**BLACK MIRROR**	O (여4 남4)	VJ	Headset 6	Show	거울 5 모자 6
9	20'00"	63'43"	TALK 4	기자 질의 응답 - 아티스트 퇴장 후 헤어&메이크업 수정 및 Hand 마이크 교체 - MC 먼저 등장 - 기자 인터뷰 진행		TITLE	Hand 7 (마이크택)	White	바스툴7
10	5'00"	63'43"	TALK 5	Ending Ment - 쇼케이스 마무리 인사		TITLE	Hand 7 (마이크택)	White	
			BG	PRESS 퇴장 - BG : '데빌' 전곡 루핑		TITLE	BG		

쇼케이스 준비 및 진행 타임라인

기자 쇼케이스

이용하기 위해서 100~300명 정도의 기자들이 올 수 있도록 진행하는 것이 일반적이다. 코로나 이후에는 온라인으로 진행되는 경우가 많아졌지만 필수로 진행된다는 것은 변함이 없다.

기자 쇼케이스에서는 음악을 듣는 것만으로는 부족할 법한 좀 더 디테일한 내용을 다룬다. 새로운 앨범에 대한 콘셉트 소개, 아티스트의 스타일 등 비주얼 소개, 노래를 포함한 쇼 무대, M/V 공개 등으로 진행된다.

이때 기획제작팀에서는 특별히 강조하고 싶은 아티스트의 매력이나 모습을 강하게 어필해야 한다. 또 음악이나 안무, M/V 등에서 이야깃거리를 만들어 내 이슈화할 수 있는 부분을 캐치하여 공개하는 것도 중요하다. 이러한 부분을 효과적으로 어필하게 되면 다수의 기사로 송출될 수 있고, 이 기사를 팬들이 공유하면서 바이럴 마케팅을 극대화할 수 있다.

물론 쇼케이스가 긍정적인 반응만 나오는 것은 아니다. 기자들 역시 주관이 분명하기 때문에 의도한 결과가 나오지 않을 수도 있고 때로는 부정적인 결과가 나올 수도 있다. 그러나 의도한 결과와 다른 내용이 나오는 것 역시 긍정적으로 활용할 수 있어야 한다. 콘텐츠와 아티스트에 대한 1차 검증을 받은 셈이기도 하고, 콘텐츠에 대한 다양한 의견이 제시되면서 또 다른 이슈가 생성될 수도 있기 때문이다. 아티스트에 대한 의견이 분분하면 분분할수록 인지도는 올라간다. 엔터사에서 강조하는 내용과 기자들의 관점, 여기에 팬들의 의견까지 더해지면서 아티스트에 대한 의견은 다양하고 폭넓게 나타날 수 있을 것이다.

기자 쇼케이스는 아티스트의 성공에 있어 매우 중요한 일이기 때문에 기획제작팀은 제대로 된 무대를 준비하고 자료를 배포해야 한다. 아티스트의 프로덕트와 콘텐츠에 대한 소개는 기자들의 편의에 맞출 수 있도록 이메일, CD, USB, 출력물 등으로 준비해야 하며, 부족한 부분은 충분히 서포트하고 팔로잉할 수 있음을 전달해야 한다.

또 원활한 쇼케이스를 진행할 수 있도록 좋은 진행자를 선정하고, 능숙한 무대뿐만 아니라 아티스트들을 돋보이게 할 수 있는 사전 영상 등 스토리텔링 콘텐츠를 준비해야 한다.

또 인터뷰 예상 질문을 충분히 숙지해 아티스트가 자연스럽게 대답할 수 있도록 준비하고, 기자들이 했으면 하는 질문을 진행자의 대본으로 준비할 수 있도록 하는 것이 모두 기획제작팀의 업무라고 할 수 있다.

팬 쇼케이스는 기자 쇼케이스와 비슷하나, 팬 서비스 정도의 느낌으로 가볍게 진행된다. 300~500여 명의 열성팬들만 초청하면서 티켓을 판매하지 않고 진행하는 경우가 많다.

2

기획제작에 필요한
5가지

콘텐츠 아이디어 뱅크

앞서 언급했던 것처럼 콘텐츠의 특징 중 하나는 홍보 및 판매를 위한 별도의 콘텐츠를 만들어야 한다는 것이다. 화장품 브랜드에서 본품을 판매하기 위해 샘플 제품을 만드는 것과 비슷하다고 할 수 있다. 노래를 홍보하기 위해 노래의 하이라이트 부분을 편집하고, M/V를 홍보하기 위해 티저 영상이나 예고편 등 또 다른 영상을 만들어야 한다. 그 홍보 영상을 알리기 위해서는 또 다른 수단의 영상을 만들기도 한다. 열어도 열어도 또 나오는 마트료시카 인형처럼 '콘텐츠를 위한 콘텐츠 제작'의 아이디어는 엔터사에서는 필수다.

새로운 콘텐츠를 만들 때 창의력이 넘치는 좋은 아이디어를 내는 시도 자체가 매우 바람직한 일이다. 새로운 생각을 해낼 수 있다면, 그 새로움에서 실마리를 얻어 위대한 콘텐츠로 거듭날 수 있다고 생각한다.

하지만 너무 무모하거나 현실을 고려하지 않은 아이디어라면 좋은 아이디어라고 하기 어렵다. 좋은 아이디어는 아티스트의 성장 스토리와 개연성이 있어야 하고, 현실적으로 실현이 가능해야 하며, 트렌드를 반영하되 독특해야 하며, 시대를 앞서 나가되 예측이 가능하고 대중이 받아들일 수 있는 것이어야 한다.

'이번 2022년의 신보 앨범은 이국적인 콘셉트를 살려 해외에서 화보 촬영이나 M/V를 만들자.'는 의견을 낼 수 있다. 좋은 시도지만 비용을 감당하기 어려울 수도 있고 촬영지가 지리적, 정치적으로 위험한 지역이라면 문제가 될 수도 있다. '이번 무대 패션은 명품으로 위아래를 도배하자.' 같은 현실적이지 않고 비용에만 의존하는 아이디어라면 결코 좋은 아이디어가 될 수 없다.

소통과 연락의 브릿지

기획제작팀이 가장 기본적으로 하는 업무는 소통과 연락을 중개하는 브릿지 역할이라고 할 수 있다. 한 명의 아티스트를 만들기 위해서는 수많은 사람들이 함께하게 된다. 데뷔한 이후의 활동까지 고려한다면 함께하는 인원이 수십 명에서 수백 명에 이르게 될 수도 있다. 그렇기 때문에 이 과정에서 소통과 연락의 브릿지 역할을 하는 기획제작팀의 역할은 매우 중요하다.

어느 회사나 그렇듯이 신입사원이나 연차가 낮은 직원이 중요한 결정권을 가지기는 어렵다. 엔터사 역시 마찬가지로 몇 년 동안 준비한 연습생들의 데뷔와 관련된 콘텐츠를 팀원이 결정하는 일은 거의 없다. 때문에 대표나 제작자 그리고 프로듀서 등 기획제작을 하는 파트너들의 소통 역할을 하며 행정 절차와 과정을 수월하게 하는 것이 가장 중요한 업무가 된다. 이후 기획제작팀으로서 경험을 충분히 쌓고 역량을 인정받았을 때 콘텐츠와 관련된 실제 기획을 할 수 있고, 발언권 역시 커질 수 있을 것이다.

브릿지 역할을 하는 만큼 교양 있는 태도 역시 필수다. 기획제작팀은 업무의 특성상 내부보다는 외부업체들과 소통할 일이 많다. 이때 이메일, 전화, 문자 등 다양한 방법으로 소통하기 때문에 방법에 맞는 교양 있고 간결하고 정돈된 태도와 어투는 매우 중요하다. 간결한 비즈니스 스타일이어야 할 회의 내용이나 전달사항에 이모티콘을 남발하거나 틀린 맞춤법 또는 구어체를 쓴다면 본인뿐만 아니라 회사의 신뢰감에 타격을 입힐 수도 있다.

매너와 교양이 없는 소통 태도는 팀원은 물론 소속된 회사와 아티스트에게까지 좋지 않은 영향을 미쳐 큰 손해를 가져올 수 있다. 기획제작팀은 회사의 얼굴이라는 사실을 잊지 말자.

객관적인 코워크 능력

기획제작팀의 주 업무 중 하나는 엔터사와 협력사와의 코워크 역할이다. 그래서 중간에서 투명하고 정확하게 메신저 역할을 하는 것이 중요하다.

대형 기획사라고 하더라도 제작하는 콘텐츠를 내부에서 전부 소화하는 경우는 드물어 외부로 맡기게 되는 경우가 많다. M/V를 촬영하고 편집하는 업체나, 앨범 자켓 디자인을 맡은 디자인 회사와의 관계가 중요하다. 기획제작팀은 외부 파트너사와의 1차적인 접점이기 때문이다. 이때 외부업체와 원활한 관계를 유지하지 않으면 좋은 결과물이 시간에 맞추어 제작되기 어려워 큰 문제가 생길 수도 있다. 업무의 진행 순서나 진행 정도에 대한 공유뿐만 아니라, 의뢰한 콘텐츠의 장르나 캐릭터의 방향성, 프로듀서의 니즈 등이 파트너사로 전달되어 조율되기 때문에 정확하고 객관적인 정보가 전달되어야 하고, 회사의 지시 사항을 정확하고 오해 없이 매끄럽게 전달하는 역할을 할 수 있어야 한다.

기획제작팀이 중립적·객관적이지 않을 때, 즉 지나치게 주관성을 가졌을 때는 문제가 될 가능성이 매우 높다. 회사의 의견을 제대로 전달하지 않거나 그 안에 자신의 의견이 너무 많이 담겨 있을 때는 결과물이 예상과 전혀 다르게 나올 수 있기 때문이다.

실제로 이런 일이 있었다. 일정이 빠듯한 M/V 촬영이 있어 기획회의를 통해 나온 M/V 관련 지시가 팀원을 통해 급하게 연출자에게 전달되었다. 그런데 이 과정에서 팀원이 디테일한 부분에 자신의 생각을 넣어 엉뚱한 결과물이 나온 것이다. 물론 연출자가 함께 기획회의에 참여했다면 이런 일이 없었겠지만, 급박하게 돌아가는 일정상 그럴 수가 없었다. 결국 그날 촬영은 모두 재촬영해야 했고, 적지 않은 시간과 비용은 물론 M/V 공개 일정에 차질을 주었다.

업무를 할 때 자신의 의견을 제안하는 것까지는 좋지만, 프로듀서 혹은 결정권자의 최종 컨펌된 내용과 요구사항을 그대로 전달하는 것은 매우 중요하다. 마찬가지로 진행과정을 검토하여 제때 보고하는 것 역시 매우 중요한 기본 업무임을 잊어선 안 된다.

공정한 기준 그리고 도덕성

기획제작팀의 공정함과 도덕성은 매우 중요하다. 특히 업무를 하다 보면 파트너 업체를 컨택하는 과정에서 작든 크든 일종의 청탁이 이루어질 수 있기 때문에 주의해야 한다.

소규모 엔터사는 사진촬영팀을 별도로 고용해서 아티스트를 촬영하는 일이 종종 있다. 대표이사가 직원에게 '좋은 사진촬영팀을 섭외하라.'는 지시를 했다면 당연히 포트폴리오와 견적서를 보고 업체를 추린 뒤 최종 결정은 대표이사 혹은 결정권이 있는 프로듀서에게 넘겨야 한다. 그런데 아는 사진작가가 있어서 그 사람을 독단적으로 추천하고 결정하게 된다면 문제가 될 수도 있다.

그 사진촬영팀이 합리적인 가격에 실력도 괜찮다면 다행이지만, 일반적인 비용보다 높고 퀄리티마저 좋지 않다면 여기에 든 비용과 시간은 누가 책임질 수 있을까. 또 그 과정에서 선물이나 커미션이 오갔다면, 그 일은 사내에서 해결할 수 없을지도 모른다.

실제로 몇 년 전 비슷한 일이 일어난 적이 있었다. 앨범 디자인 제작이 필요해서 기획제작팀에게 좋은 디자이너를 찾으라고 했고, 팀원은 한 명의 포트폴리오를 내밀면서 장점만을 말해 주었다. 당시 너무 바빠서 정확한 검증 없이 직원의 말대로 그 디자이너를 고용했고, 그 디자이너가 잘 아는 곳이라며 추천한 인쇄업체에게 앨범과 관련된 인쇄를 맡겼다. 그런데 알고 보니 일반적인 가격보다도 1억 원대 가깝게 높은 인쇄비가 책정됐다는 것을 알게 됐다.

당시 선정한 디자이너가 디자인비 이외에 인쇄와 관련해 상당한 커미션을 받았다는 사실을 알고 큰 충격을 받았다. 이것은 단순히 한 사람의 일탈이 아니라 무거운 책임을 져야 하는 범죄다. 회사 직원이 업무를 하면서 돈을 받거나 이권을 얻는 일은 업무상 배임, 횡령이고 형사사건으로도 갈 수 있기 때문에 커리어는 물론 미래를 생각해서도 절대 해서는 안 되는 일이다.

물론 기획제작팀 직원은 커미션과 무관하고 그러한 상황을 모를 수도 있다. 하지만 관리를 소홀히 한 셈이기 때문에 책임에서 벗어날 수 없다. 도덕성을 바탕으로 사내의 모든 콘텐츠에 주인의식을 가지고 우리 회사와 우리 아티스트에게 가장 좋은 방향으로 행동하는 것은 기본이면서도 꼭 필요한 자질이다.

히트를 만드는 매의 눈

올림픽 결승 경기에서 1등과 꼴등의 차이가 채 0.1초도 나지 않는 것처럼, 히트 포인트도 매우 작은 차이에 불과하다. 음원차트에서 1등과 100등의 차이는 99점의 차이가 아니라 1~2점 차이다.

대부분의 음악은 들으면 다 좋지만, 그럼에도 모든 곡이 히트할 수는 없다. 히트할 수 있는 곡의 가장 큰 특징은 매력적인 아티스트를 캐스팅하는 것과 비슷하다.

전체적으로 다 좋지만 그중 몇 초 정도가 특이하게 좋은 부분이 있는 것이다. 이러한 포인트는 사람마다 다르지만, 어느 한 부분 이상이 특별히 매력적이어야 한다는 것은 이전의 히트곡들을 봐도 쉽게 알 수 있다. 이러한 점을 알아낼 수 있는 것이 기획제작팀의 역할이며 능력이라고 할 수 있다.

히트 포인트는 노래와 관련된 작은 디테일에도 있을 수 있다. 아티스트의 몸짓이나 안무, 작은 제스처, 무대구성 등에서도 히트의 가능성을 찾을 수 있는 것이다.

물론 이러한 포인트를 만들어 내는 것인 쉬운 일은 아니며 늘 예상할 수 있는 것도 아니다. 타이틀곡이라고 생각하지 않았던 곡이 크게 인기를 얻을 수도 있으며, 의도하지 않았던 곡이나 포인트들이 좋은 반응을 얻을 수도 있다. 하지만 콘텐츠의 성공을 우연에 기대는 건 막연히 로또 1등 당첨을 바라는 것과 다르지 않다.

결국 끊임없이 도전하면서 좋은 아이디어를 구상하고, 대중의 눈높이에서 트렌드를 찾고, 그 안에 목표점을 설정하여 히트 포인트를 찾아내려는 시도와 노력이 쌓이고 쌓여야 비로소 성공할 수 있는 기획제작팀, 나아가서는 제작자, 프로듀서가 될 수 있는 것이다.

RBW 기획제작본부 구본영 이사

前 FNC엔터테인먼트 팀장

담당하고 있는 업무는?

FNC엔터테인먼트에서는 신인개발 업무부터 아카데미, 제작 기획까지 다양한 업무를 했습니다. RBW에서는 주로 제작 업무를 위주로 하고 있는데, 아티스트가 데뷔나 컴백을 할 때 앨범의 콘셉트를 비롯해 앨범 디자인, 안무, M/V, 헤어와 메이크업 등을 결정합니다. 또 보이그룹의 세계관, 걸그룹의 대중성 등을 어떻게 할 것인지 기획하는 등 견고한 아티스트 기획을 위한 모든 것을 하고 있습니다.

일을 시작하게 된 계기는?

막연하게 엔터사 업무에 관심이 있었는데 군대를 다녀온 뒤 좀 더 진지하게 생각하게 됐어요. 당시에는 M/V, 국내외 아티스트 공연 등이 어떻게 제작되고 알려지는지 더 궁금했어요. 그래서 작은 에이전시에 입사해 인터넷 얼짱, 길거리, 학교 축제 등에서 캐스팅하는 신인개발팀 업무를 시작하게 됐습니다.

일하면서 가장 힘들 때는?

공든 탑이 무너질 때 가장 힘이 듭니다. 아티스트 한 명의 사소한 실수로 팀 전체가 위험해질 때가 있는데, 다른 멤버들이 상처를 받고 팬들의 외면을 받게 될 때 걱정도 많이 되고 마음도 아픕니다. 작은 일로 다 같이 고생했던 시간이 사라질 수 있으니까요. 그래서 아티스트는 조심해야 할 게 매우 많아요. 사생활도 극도로 절제돼야 하고요. 일반인들에게는 별일 아닌 것도 아티스트들에게는 치명타가 될 수 있으니까요.

일하면서 가장 보람을 느낄 때는?

지난 3월에 원어스가 약 40일 동안 미국 14개 도시 투어를 했어요. K-POP으로서는 전무후무한 일이었는데, 반응이 좋아서 저희도 깜짝 놀랐습니다. 어떤 도시에서는 K-POP 가수가 온 게 처음이었는데 1,500석 공연장이 꽉 차기도 하고, 국악을 콘셉트로 한 한국어 노래를 '얼쑤, 지화자' 같은 말까지도 토씨 하나 안 틀리고 따라 부를 때는 정말 감동이었어요. 원어스와 30명 이상의 스태프가 40일 내내 버스에서 먹고 자고 하느라 모두 힘들었을 텐데 반응이 좋아서 매우 뿌듯한 일이었습니다. K-POP의 인기를 실감하기도 했고요. 이밖에도 음악방송에서 처음으로 1위를 할 때나 콘서트 티켓이 매진될 때 매우 기쁩니다. 아티스트와 그 부모님도 기쁘겠지만, 스태프들이 가장 큰 보람을 느끼는 순간이기도 하니까요.

주5일 근무, 칼퇴근이 가능한지?

기획제작팀은 각 분야의 스태프들과 동고동락을 해야 해요. M/V 촬영을 하거나 녹음을 할 때는 같이 밤을 새기도 하고요. 힘들다면 힘든 시간이지만 그렇게 함께 고생해서 아티스트가 성공하면 감동이 정말 큽니다. 힘들었던 시간을 잊을 만큼 보람을 느낄 수 있으니까요.

팀에 입사 시 갖춰야 할 스펙은?

기획력은 어디서 배우는 게 아니기 때문에 스펙보다는 포트폴리오가 제일 중요합니다. 전혀 관계없는 전공이라고 해도 이 사람을 채용하면 재미있고 괜찮은 기획이 나오겠다는 생각이 들면 되니까요. 실제로 직원 중에는 관련 전공자도 있지만 국문학, 경제학, 영상 등 다양한 전공자들이 있는데, 이들의 공통점이 기획을 좋아한다는 것입니다.

아울러 자기만의 시각이 있는지 그리고 커뮤니케이션이 원활한지를 봅니다. 기획제작을 하기 위해서는 일반적인 시선이 아니라 다르게 바라보는 시각이 있어야 좋은 결과물을 얻을 수 있으니까요. 또 업무의 특성상 안무팀, M/V팀, 스타일팀 등과 협업을 해야 하기 때문에 원활한 의사소통 그리고 유연한 사고방식도 필요하고요.

기획제작팀 지원 시 포트폴리오의 중요성은?

다른 엔터사들도 마찬가지겠지만 기획제작팀 지원 시 포트폴리오는 필수이며 매우 중요합니다. 회사에 상관없이 아티스트 한 팀을 정해서 앨범 , 안무, 스타일링, M/V 등 콘셉트를 정해서 만든 포트폴리오는 반드시 있어야 해요. 그 포트폴리오를 보면 엔터사에 얼마나 관심이 있고 진지한지를 알 수 있으니까요. 다소 허무맹랑한 기획안이라고 하더라도 진정성이 담겨 있다면 괜찮습니다.

또한 주로 포트폴리오를 보고 면접을 보기 때문에 답변까지 준비해 두면 더 좋을 것 같아요. 요즘 지원자들은 바로 써도 될 정도의 완성도 높은 포트폴리오를 준비하는 경우가 많으니 정성을 많이 들이면 좋은 결과가 있으리라 생각합니다.

해당 엔터사 아티스트의 팬 경력을 어필한다면?

기획제작팀뿐만 아니라 대부분의 부서에서 팬 입장에서 들어오는 직원들은 좋은 결과를 얻는 경우가 드문 편입니다. 가벼운 팬심이나 호감 정도면 괜찮지만, 과하게 좋아하는 경우는 회사에도 자신에게도 그리고 업무에도 좋지 않은 영향을 미치게 되니까요. 간혹 아티스트를 가까이 보고 싶어서 해당 엔터사에 지원하는 경우도 있는데, 순간의 팬심으로 입사를 결정하는 것보다는 자신이 하고 싶은 일을 찾는 것이 좋다고 생각합니다.

엔터사는 정말 박봉인가요?

청년취업아카데미에서 강의를 종종 하는데, 엔터사가 정말 박봉인지 묻는 경우가 많아요. 솔직히 말씀드리자면 스타트 자체는 대기업 등에 취업하는 친구들보다 적을 수 있습니다. 하지만 열심히 일하다 보면 5년 후, 10년 후에는 친구들보다 더 나을 것이라는 점은 장담할 수 있어요. 작은 엔터사에서부터 경력을 차곡차곡 쌓아 가다 보면 언젠가는 내 능력을 알아주는 좋은 회사를 만날 수 있습니다.

기획제작팀의 비전은?

제가 팀원들에게 자주 하는 말 중 하나가 엔터사 업무는 일이 힘들어서 그만두더라도 다시 돌아오게 된다는 것입니다. 처음에는 초과근무를 하는 경우도 많고 박봉인 경우도 많지만, 그 이상으로 재미있고 보람 있는 일이니까요. 힘든 순간을 견뎌 내다 보면 결국에는 또래보다 높은 자리에 있을 수 있는 데다가, 함께 일한 아티스트들이 대중에게 사랑받는 모습을 보면 그렇게 기쁠 수가 없습니다.

앞으로의 목표는?

저는 이미 15년 차로 꽤 오랫동안 기획제작팀 업무를 하면서 즐겁고 뿌듯한 경험을 많이 했습니다. 대표님의 철학이 새싹을 잘 키워서 회사의 성장을 함께하는 것이기 때문에 경력보다 신입이 많은 편이에요. 실제로 신입으로 들어와서 7년 차, 10년 차로 팀장급으로 일하는 경우도 많고요. 저도 열심히 일하면서 대표님의 마인드를 따라 더 많은 엔터 인력을 키워서 현장에서 다양한 능력을 발휘하는 모습을 보고 싶습니다.

ARTIST MANAGEMENT

아티스트
매니지먼트

1 아티스트 매니저란

2 로드 매니저

3 홍보 매니저

4 성공하는 매니저의 직무 능력, 5PR

⦿ 실무 인터뷰 — RBW 아티스트 매니지먼트본부 이현민 이사

　　　　　 — RBW 아티스트 매니지먼트본부 안성희 팀장

1
아티스트 매니저란

99% 성공 가능성을 예측하며 매력적인 걸그룹의 데뷔를 앞둔 엔터사의 A대표. 그동안 아티스트들이 회사 가까운 데서 합숙을 했기 때문에 문제가 되지 않았지만, 이제 방송 출연 및 언론사 인터뷰 등을 해야 하기 때문에 이동 및 스케줄 관리를 해야 할 매니저가 필요했다.

리허설 등 방송국에서의 출연 및 촬영에 대한 이해도가 있어야 되며, 운전이 매우 능숙해야 한다. 또한 시간관념과 성실은 기본이다. 아티스트들을 교육할 수 있을 정도의 엔터 업계 경험이 있는 조력자이자 길잡이 역할까지도 해 줄 수 있다면 더욱 좋다.

신인개발팀에서 트레이닝된 아티스트가 음반을 내고 데뷔를 하면서 본격적인 활동을 하게 될 때 매니저의 역할은 점점 더 중요해진다. 과거의 매니저는 제작자, 기획자, 트레이너, 신인개발, 홍보 마케터의 역할을 모두 하기도 했는데, 현재는 아티스트 활동 스케줄의 진행과 방송 출연 섭외 및 교섭활동 업무 등으로 특화되어 있는 것이 일반적이다.

매니저는 아티스트가 데뷔 활동을 시작하게 되면 그 모든 과정을 함께하게 된다. 아티스트의 스케줄을 관리하고 스케줄에 맞게 이동, 준비시키는 것이 로드 매니저(스케줄 매니저)의 주요 역할이고, 방송국이나 각종 미디어들을 상대로 아티스트의 출연을 섭외 및 교섭활동을 주로 하는 것을 홍보 매니저의 역할이라고 할 수 있다.

홍보 매니저(PR매니저), 로드 매니저(스케줄 매니저)가 연차순으로 직급을 다르게 가지며 한 팀(아티스트 한 팀당 2~3인)을 구성하고 있는 부서가 바로 아티스트 매니지먼트팀이다. 물론 작은 회사일수록 업무가 넓게 분포되어 광범위하게 일을 하는 경우도 있다.

매니저의 업무 특성상 내근보다는 외근이, 내부 직원보다는 외부 직원을 대할 일이 많기 때문에 회사의 방향성이나 아티스트에 대한 소개 등이 잘 숙지되어 있어야 하며, 도덕적인 기본기도 매우 중요하다.

흔히 매니저가 아티스트와 함께 다니며 운전하고 스케줄만 챙기는 단순한 직업으로 여기는 경우가 많은데 결코 그렇지 않다. 매니저 직무를 오랜 시간 제대로 경험하게 되면 엔터 업계의 밑바닥부터 높은 곳까지 모든 것을 경험하고, 아티스트와의 교감과 의사소통에 많은 노하우가 생길 수 있다. 때문에 연차가 제법 되는 매니저는 직접 제작자가 되거나, 제작이사 등 회사에서 중요한 역할을 하는 경우도 많이 볼 수 있다.

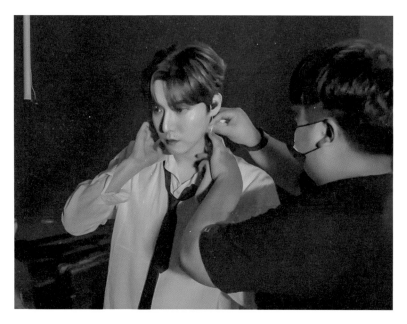

매니저와 무대 준비 중인 아티스트 원위 '용훈'

　매니저는 사람을 상대하는 일이 많은 만큼 친화력과 의사소통이 매우 중요하다. 매니저들이 만나게 되는 스태프들은 방송국, 언론사, 감독, 연출자, PD, AD, 작가 등 매우 다양하다. 이들과 일을 할 때 필요한 기본 지식은 필수다. 대부분 부탁할 일이 많으므로 항상 예의바르고 신중하게 소통할 수 있도록 노력해야 한다.

　매니저는 부탁할 일도 많고 거절할 일도 많기 때문에 간절하게 부탁하고 부드럽게 거절하는 언어의 스킬도 필요하다. 아티스트와 회사의 상황을 면밀히 파악하고, 스케줄 중 문제가 생겼을 때 대처할 수 있는 매뉴얼을 숙지하는 것도 필수다. 또 엔터테인먼트 업계에 대한 풍부한 지식으로 어떤 대화를 나눌 때 프로페셔널한 인상을 주는 것도 중요할 것이다.

매니저는 아티스트 입장에서 바라보면 방송 출연 등 일을 만들어 주는 고마운 사람이다. 동시에 본인을 가장 근거리에서 직접 챙겨 주는 일종의 조력자이자 친구 같은 역할도 해 준다. 때문에 아티스트와 매니저는 떼려야 뗄 수 없는 가장 가까운 사이일 수밖에 없다. 너무 가깝다는 점 때문에 문제가 발생하기 쉬운 부분을 주의해야 한다.

매니저는 중립성을 지키며 회사의 업무 방향성과 지시내용을 아티스트에게 잘 전달할 수 있어야 하며, 의견 조율 또한 부드럽게 할 수 있어야 한다. 너무 가까운 나머지 아티스트의 의견만 계속 대변하게 되면 회사와 트러블이 생길 수도 있고 본인도 결국 성장할 수 없게 된다.

매니저는 회사의 소속임을 잊지 말아야 한다. 아티스트와는 파트너 관계를 유지하며 잘 조율하며 설득하고 이해시키는 과정 속에서 합리적이고 효율적인 매니지먼트 업무가 이루어질 수 있다.

2

로드 매니저

많은 사람들이 가장 일반적으로 생각하는 매니저는 바로 로드 매니저다. 로드 매니저는 아티스트들의 스케줄을 체크하여 준비하고 시간에 맞게 이동하는 일을 담당하며 동시에 스태프들과 소통하면서 그 진행을 책임져야 하기 때문에 다른 업무보다도 성실함과 책임감이 매우 높아야 한다.

실무도 중요하지만 그 이상으로 중요한 것은 아티스트와의 인간적인 교감이다. 스케줄이 많은 아티스트일수록 대외활동이 차단돼 있고, 그렇기 때문에 사회와 자신을 이어 주는 끈인 매니저에게 많은 부분을 의지할 수밖에 없다. 하지만 가장 친한 사이면서도 함께 일하는 것 이상은 아닌 일정한 거리를 유지하는 것이 아티스트에게도 매니저에게도 가장 최선의 결과를 가져올 수 있다.

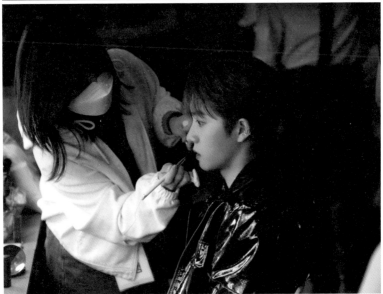

분장실에서 분장 중인 아티스트들

KMS TV <MUSIC SHOW> 200회 큐시트

방송일시 : 10/24 18:00~

장소 : 자양동 ㅇㅇ 스튜디오

프로듀서 : 김 ㅇㅇ

연출 : 김 ㅇㅇ, 이 ㅇㅇ, 박ㅇㅇ

구성 : 김ㅇㅇ, 이ㅇㅇ, 박ㅇㅇ

NO	순서	Dur.	R.T	Time	출연자		Audio	MIC	안무	자막	조명	악기
					전 CM / 전타이틀 / 등급고지							
1	Perf 1				온앤오프	♬ Beautiful Beautiful		H/M 3, in ear 3				
2	MENT①				MC	오프닝 (수안/유키/고은)		H/M 3				
3	VCR①				VCR	[1위 후보 공개]						
4	MENT②				MC	실시간 투표 안내		H/M 3				
5	Perf 2				미래소년	♬ KILLA		H/M 3, in ear 3	6			
6	Perf 3				퍼플키스	♬ Zombie		H/M 2, in ear 5				
7	MENT③				MC	다음 무대 소개						
8	Perf 4				퍼플키스	♬ Nerdy		H/M 2, in ear 5	6			
9	MENT④				MC	[Comeback interview] 카드 (KARD)						
10	Perf 5				원위	♬ 야행성 (Regulus)		H/M 3, in ear 2				
37	VCR⑫				VCR	[Comeback] 카드 (KARD)						
38	Perf 17				카드 (KARD)	♬ Ring The Alarm		H/M 2, in ear 2				
39	VCR⑬				VCR	[Comeback] 원어스(ONEUS)						
40	Perf 18				원어스	♬ 덤벼 (Bring it on)		H/M 2, in ear 4				
41	VCR⑭				VCR	[1위 공개]						
42	MENT⑧				MC	1위 발표 & 클로징		H/M 3				
42	Perf 19				1위 가수	♬ 앵콜						

※ 위 표는 음악방송 큐시트 내용을 기초로 하여 재구성하였음.

방송국 출연 큐시트

매니저는 아티스트보다 많은 사람들과 관계를 맺게 되고, 업무를 하다 보면 아티스트에 대해 이야기를 할 수밖에 없다. 아티스트와 가장 가까운 사람이기 때문에 아는 것 역시 많은 것은 당연하다. 그래서 업무적, 개인적으로 만나게 되는 수많은 사람들 사이에서 작은 말실수도 하지 않도록 주의해야 한다. 이밖에도 많은 스케줄을 소화할 수 있는 체력, 위험한 상황에서는 아티스트를 보호해야 하기 때문에 보디가드 같은 용기도 필요하며, 스케줄을 진행하다 생길 수 있는 일반적이지 않은 상황에 대처하는 임기응변 능력도 필요하다. 스케줄에 없는 부탁이나 각종 촬영, 사인 등 여러 가지 제안이나 청탁을 받을 수 있는데 부드럽게 거절하는 요령 또한 필요하다.

이처럼 로드 매니저는 단순히 운전하는 일이 전부가 아니다. 아티스트와 한몸이 되어 움직이며 실제 현장에서 해야 할 일이 많기 때문에 특히 꼼꼼함과 성실함을 포함해 여러 가지 역량을 갖춰야 하는 직군이라고 할 수 있다.

아래는 음악방송에 출연이 확정된 후 로드 매니저의 업무 일부를 나열한 내용이다.

1) 먼저 홍보 매니저가 아티스트의 음악방송 출연이 결정됐음을 알려 주면 아티스트의 무대 동선을 확인할 수 있도록 방송국 작가에게 연습 영상을 보낸다.

2) 스타일리스트 및 기획팀을 통해 무대의상을 확인한다. 방송 시간에 맞게 의상을 챙기고 메이크업과 헤어 메이크업 스태프 일정을 잡는다.

3) 아티스트뿐만 아니라 스태프들도 같이 이동하기 때문에 이동수단 및 동선은 사전에 반드시 확인해야 한다. 또 방송국마다 입장 룰이 각각 다르기 때문에 이를 사전에 체크해 두어야 스케줄을 제대로 맞출 수 있다.

4) 작가로부터 전달받은 방송 시간을 정확히 확인, 방송에 맞는 길이로 편곡된 MR을 미리 준비해야 하며, A&R팀 혹은 기획팀과 공조한다.

5) 출연 하루 전, 아티스트의 컨디션은 괜찮은지 확인하고, 당일 기상 시간을 재차 공지하고 차량 상태를 확인하여 이동에 문제가 없게 한다.

6) 드라이 리허설, 카메라 리허설이 제대로 진행되는지 참관 및 캠코더로 촬영하여 아티스트와 함께 모니터링하고 실수가 있었는지, 표정이나 안무 동선에 문제가 있는지 확인한다.

PURPLEKISS TIME TABLE (1회차)

(상황에 따라 변동될 수 있습니다)

감독 : 배○○

총 1회 중	1회차		집합시간 및 장소						
4월 13일 (수)	날씨	일출 7:24	1차 집합장소	시간	2차 집합장소	시간	3차 집합장소	시간	
		일몰 18:11		11:00					

구분	D/N	P.N	SET	내용	등장인물	Time Table	비고
				STAFF 도착 및 촬영준비		11:00	
				ARTIST 도착 및 촬영준비		13:00	
1			1동 내부	군무 INTRO~1A, HOOK 1	퍼플키스	14:00~15:00	
2				이동 및 촬영준비		15:00~15:30	
3			1동 외부	군무 1B~1C	퍼플키스	15:30~16:30	
4				이동 및 촬영준비		16:30~17:00	
5			10동 내부	군무 RAP~2B	퍼플키스	17:00~18:00	
6				이동 및 촬영준비		18:00~18:30	
7			6동 벽 (5동 앞)	군무 INTRO	퍼플키스	18:30~19:00	
8				이동 및 촬영준비		19:00~20:00	
9			5동 내부	군무 2C~END	퍼플키스	20:00~21:00	
10				이동 및 촬영준비		21:00~22:00	
11			4동 6동 사이 (3동 앞)	군무 HOOK3~END	퍼플키스	22:00~23:00	
12				이동 및 촬영준비		23:00~24:00	
13			10동 내부 계단	컨셉 이미지 촬영	퍼플키스	24:00~24:30	

LOCATION ADDRESS	비고	연출진행	촬영
			임○○
	P.N은 PPT 우측 하단에 적힌 페이지 넘버 입니다.	제작	조명
		이○○	김○○

퍼플키스 M/V 촬영 스케줄 타임테이블

3
홍보 매니저

홍보 매니저는 단어 그대로 홍보 마케팅 관련 업무를 하는 매니저라고 할 수 있다. 방송국 PD, 기자, 작가 등을 만나서 프로그램 및 무대 행사 등의 출연을 교섭하고, 아티스트의 인지도 제고와 발매한 앨범의 마케팅을 함께 의논하고 실행하는 것이 주된 업무다.

일반적으로 홍보 매니저가 방송국, 언론과의 스케줄을 정리하면 로드 매니저가 그 스케줄을 실행에 옮긴다. 따라서 홍보 매니저의 역량을 평가할 때 아티스트를 방송 프로그램 등에 얼마나 출연시킬 수 있는지, 아티스트와 적합한 프로그램, 행사 등을 얼마나 섭외할 수 있는지가 중요한 기준 중 하나가 된다.

예전에는 미디어 시장이 TV 방송국, 라디오 정도였기 때문에 홍보 매니저들의 제1과제는 방송 출연 교섭이었다. 단순히 방송국 프로그램

PD와 작가를 만나고 부탁하고 섭외를 얻어 내는 것이 중요했던 때가 있었다는 뜻이다.

하지만 이제는 OTT, 종편, 유튜브 채널, SNS 등 다변화된 미디어 환경에서 자사 아티스트를 어떻게 프로모션 해야 할지 충분한 고민을 해야 한다. 또 제작되는 프로그램에 대한 명확한 이해를 기본으로 제작 스태프들과 소통하고 설득하면서 일을 진행해야 하기 때문에, 필수적으로 각 미디어별 제작 업무에 대한 이해도와 배경 지식 등이 훨씬 더 많이 요구된다. 다변화된 미디어 환경은 물론 각 프로그램 제작 회사와 제작 단계별 스태프들 그리고 아티스트의 캐릭터와 회사의 방향성에 대한 이해도가 높지 않으면 협업이 아닌 단순한 부탁만 하게 될 수도 있기 때문이다.

홍보 업무는 부탁과 협업 사이에서 기분 좋은 섭외, 갑도 을도 아닌 협력 파트너로서의 포지셔닝을 끌어내는 것이 가장 중요한 역량이라고 할 수 있다. 예전에는 단순한 대가성 청탁도 적지 않은 비율을 차지했지만, 요즘은 청탁보다는 아티스트도 프로그램도 서로 시너지가 날 수 있는 진정한 협업이 그 자리를 점점 대신하고 있다.

협업은 아티스트의 출연으로 방송사와 아티스트 모두에게 도움이 되는 프로그램을 만드는 것을 의미한다. 그러나 아직까지는 방송국 등 기존 미디어의 프로그램이 갑의 위치에 있는 경우가 많다. 때문에 홍보 매니저의 능수능란한 협업 및 설득 스킬과 네트워킹이 매우 중요하다. 그러한 능력으로 곧 홍보 매니저를 평가할 정도로 역량에 대한 평가가 냉혹하게 이루어지곤 한다.

결국 성공하는 홍보 매니저가 되기 위해서는 미디어 환경에 대한 꼼꼼한 이해가 필수다. 각종 제작 관련된 스태프의 이해, 프로그램 제작 과정과 작가, PD와의 소통방식 등에 대한 연구가 중요하다고 할 수 있다. 또한, 그들이 프로그램에서 필요로 하는 포인트를 잘 찾아서 설득의 도구로 사용하고 합리적인 제안을 한다면 성공할 가능성이 높다고 할 수 있다. 그러한 설득의 과정을 반복하다 보면 홍보 매니저로서의 역량도 조금씩 업그레이드 될 것이다.

4

성공하는 매니저의 직무 능력, 5PR

아티스트 매니지먼트 직군에서 필요한 모든 능력은 5PR로 설명할 수 있다고 해도 과언이 아니다. 퍼블릭 릴레이션(Public Relation, 대외적 인간관계)을 통해 아티스트를 프로모션(PRomotion, 홍보)하고, 아티스트에게 프라이어리티(PRiority, 우선권)를 제공하며 그들을 프로텍트(PRotect, 보호 및 관리)하고, 아티스트 및 프로듀서와 함께 프리 프로듀싱(PRe producing, 사전 제작)에 참여하여 성공 확률을 극대화하는 것이다.

퍼블릭 릴레이션
(Public Relation)

먼저 퍼플릭 릴레이션의 의미는 '대중을 대상으로 아티스트의 이미지 제고나 프로덕션 음악 및 영상물의 홍보 등을 주목적으로 전개하는 커뮤니케이션 활동'을 뜻한다.

여기서 커뮤니케이션이 중요한 키워드인데 매니저는 대외 여러 관계자들과의 설득 과정, 즉 긍정적인 소통을 통해 이 목표를 달성해야 한다는 것이다.

매니저는 이러한 PR활동을 통해 아티스트의 레벨을 끌어올려야 하는 책임과 의무를 가진다. PR을 잘하는 매니저가 아티스트에게 가장 좋은 매니저라는 얘기는 업계에서 흔히 들을 수 있는 얘기다. PR이 곧 매니저의 능력치과 일치한다고 할 정도로 중요한 부분을 차지하는 것이다.

단순히 광고에 많이 나온다고 '뜨지' 않는다. 스토리와 실력이 있고 해서 무조건 스타가 된다는 가정은 대중에게 전혀 인정되지 않기 때문이다. 복잡 미묘한 대중의 마음을 사로잡기 위해서는 언론과 방송 등 여러 미디어의 출연을 통해 아티스트로서의 실력과 좋은 이미지를 꾸준히 노출시켜야 한다. 또한 가랑비에 옷 젖는 전략으로 여러 미디어에 광고, 바이럴 등을 만들어 낼 수 있는 콘텐츠들로 종합적인 마케팅 활동을 해야 한다. 이는 성공하는 매니저가 가장 중요하게 해내야 하는 당면과제다.

프로모션
(PRomotion)

사전적으로 '승진, 진급'이란 의미로, 아티스트의 인지도를 제고하여 몸값을 높인다는 뜻이다. 아티스트 또한 경쟁이 매우 치열한 직군이며 등급에 따라 광고 단가와 출연료가 천차만별일 정도로 그 스펙트럼이 넓다. PR의 홍보 활동, 광고 활동을 통하여 결국 프로모션이 목표가 되는 것이고 이를 통해 회사와 아티스트 모두 더 큰 매출과 이익을 만들수 있게 된다.

프로모션이 잘 이루어져야만 이미지 손실을 줄이면서 적은 출연으로 많은 이익을 얻을 수 있다. 곧 프로모션은 아티스트의 브랜드 차별화라고 생각할 수 있다.

프라이어리티 & 프로텍트
(PRiority & PRotect)

매니저는 아티스트의 가장 가까이에서 그들의 활동과 일거수일투족을 챙기며 함께 성장하는 동반자이자 파트너라고 할 수 있다.

아티스트를 대변하여 그들의 의견을 제작사 등에 전달하는 소통의 브릿지 역할을 하는 동시에, 아티스트의 가치를 올리기 위한 여러 가지 역할까지도 더불어 노력해야 한다. 협상과 설득의 과정을 통한 아티스트의 성공이 궁극의 목표이며 아티스트의 성공이 곧 나의 성공이라는 마음가짐이 필요하다. 그렇기 때문에 매니저는 아티스트의 편이 되어 최우선으로 아티스트를 챙기는 것을 기본자세로 해야 한다.

함께 일하는 제작사는 외부 거래처이고, 아티스트는 가족과 같은 한 팀이기 때문에 그들을 보호하고 우선적으로 챙기는 것이 매니저의 기본이며 중요한 덕목이라고 할 수 있다. 아티스트의 이미지, 아티스트의 건강, 아티스트의 브랜드를 최우선적으로 챙기고 보호해야 하는 책임감, 아티스트의 담당자, 아티스트의 보호자 역할자로서 아티스트를 가장 우선에 두고 그들을 보호하며 함께 커 나가는 것, 그것이 매니저로서 성공하는 길이 된다.

프리 프로듀싱
(Pre Producing)

여러 가지 프로그램, 이벤트, 상품 브랜드 중 어떤 것을 선택하느냐가 아티스트의 성공 또한 좌우한다고 할 수 있다. 아티스트의 이미지나 캐릭터에 맞지 않는 프로그램을 단순히 인지도만 올리려고 출연시키는 것은 결국 좋지 않은 결과를 낳는 경우가 많다. 그러므로 아티스트와 매니저는 출연할 여러 프로덕션에 대해 함께 고민하고 까다로운 선별을 해야 한다. 이 선택이 모여 바로 그들의 미래가 된다.

프리 프로듀싱은 영화 용어로 제작 전 단계에서 준비해야 할 여러 가지 사전 작업 및 과정을 의미하는데, 여기서는 아티스트가 출연을 결정하기 전 예측과 준비를 의미한다. 실제 프로덕션이 시작되었을 때를 미리 예측하며 연구하여 성공 확률을 높이기 위해 노력하는 여러 가지 준비 및 트레이닝 작업까지를 포괄한다.

다시 말해 출연을 결정하기 전, 녹음에 들어가기 전, 촬영에 임하기 전, 무언가 중요한 결정을 하기 전 단계에서 매니저는 아티스트와 함께 프로덕션의 성공 가능성을 검증해야 한다. 이 프로덕션이 아티스트에게 잘 맞는 옷인지에 대한 디테일한 연구와 고찰이 필수라는 뜻이다. 그리고 그 중심에 매니저가 있다.

RBW 아티스트 매니지먼트본부
이헌민 이사

담당한 업무는?

현재 매니지먼트본부 소속 이사로, RBW에서는 7년 차이고 총 경력은 14년입니다. RBW 소속 전체 아티스트의 홍보 및 PR, 스케줄을 담당하는 매니지먼트팀에서 업무를 총괄하고 팀원을 관리하고 있습니다. 주로 방송사, 매체, 유튜브 등 콘텐츠를 제작하는 사람들과 만나서 아티스트의 특기를 살릴 수 있는 프로그램을 만드는 일을 하고 있습니다.

현재 담당하고 있는 아티스트는?

브로맨스, 원어스, 원위 등 RBW 소속 아티스트를 담당하고 있습니다.

일을 시작하게 된 계기는?

저는 한곳에 앉아서 일하는 것보다는 활동적으로 돌아다니면서 특별한 일을 해 보고 싶었어요. 당시 친한 친구가 배우어서, 그럼 나는 매니저를 하겠다고 생각해 우연히 시작했는데, 지금까지 일하고 있습니다.

팀에 입사 시 갖춰야 할 스펙은?

업무의 특성상 학력이나 자격증은 크게 중요하지 않습니다. 기본적으로 1종 운전면허와 체력 그리고 성실함이 가장 중요합니다. 로드 매니저의 경우, 운전을 할 일이 많아서 안전이 중요한데, 그러기 위해서는 기본 이상의 체력이 있어야 하니까요. 또 해외 체류할 일도 종종 있어서 영어, 중국어, 일본어 등 외국어를 잘하면 더욱 좋습니다.

현장 매니저와 홍보 매니저의 차이는?

최근 몇몇 방송 때문에 로드 매니저가 스포트라이트를 받는데, 현장 매니저와 홍보 매니저의 차이는 큽니다. 현장 매니저는 주로 아티스트와 함께 스케줄을 다니고, 홍보 매니저는 아티스트를 홍보할 수 있는 다양한 콘텐츠를 기획합니다. RBW에서는 현장 매니저에서 홍보 매니저가 되는 것이 일반적입니다. 현장을 알아야 아티스트의 특성에 맞는 PR이 가능하니까요.

업무에 가장 필요한 능력은?

성실함과 의지 그리고 정직함만 있다면 일을 잘하는 것은 크게 어렵지 않습니다. 여기에 항상 트렌드에 관심을 가지고 파악하는 것을 좋아해야 일을 오래 잘할 수 있습니다.

운전면허가 꼭 필요한지?

로드 매니저로 입사한다면 일주일 정도의 업무 교육을 받은 뒤 본격적으로 업무를 하게 됩니다. 바로 현장에 투입되기 때문에 운전은 필수입니다. 업무의 특성상 주로 카니발, 스타렉스 등 큰 차를 운전하기 때문에 운전 경력이 중요하죠. 매니저를 꿈꾸는데

┃ 현재 장롱면허라면 당장 연수를 받으시는 것을 추천합니다.

주5일 근무, 칼퇴근이 가능한지?

사실 주7일 근무를 한다고 해도 과언이 아닙니다. 회사에서도 업무 배정을 조절해서 법정 근로시간을 지키려고 노력하고 있지만, 아무래도 24시간 스케줄이 있다면 어쩔 수 없는 것이 현실이니까요.

일하면서 겪은 특별한 에피소드는?

방송국은 물론 다양한 행사장에 방문하다 보니 유명인사를 많이 만났습니다. 대통령, 국무총리, 국회의원, 기업 회장, 심지어 대선 후보로 매번 나오는 허경영 씨도 만난 적이 있습니다. 다양한 직군의 사람을 만날 수 있다는 것은 매우 재미있는 일 같습니다. 또 동남아 공연 때 차가 막힌다고 경찰차가 40대 정도 와서 길을 열어 주기도 했고, 브라질에서는 경찰들이 호위하고 관광 안내까지 해 주었던 일들이 기억에 남습니다.

일하면서 가장 힘들 때는?

현장 매니저는 가장 큰 업무는 아티스트 케어인데, 이에 충실하다 보면 정작 스스로를 케어할 수 없는 경우가 있습니다. 주5일 근무는커녕 새벽 퇴근이 일상일 때도 있기 때문에 체력 안배를 잘 해야 합니다. 방송에서는 매니저를 화려하게 그리기도 하지만, 사실 개인 생활 없이 누군가를 케어하는 것은 외로운 일입니다. 많은 사람들과 일을 하지만 집에 갈 때 종종 쓸쓸함을 느끼기도 하고요. 만약 화려함만 생각한다면 매니저라는 직업을 다시 한 번 생각해 보는 것이 좋습니다.

일하면서 가장 보람을 느낄 때는?

아티스트를 PR할 때는 팬층, 이미지에 맞도록 해야 하죠. 그러한 PR이 좋은 성과를 얻을 때 보람을 느낍니다. 2020년 엠넷에 남자 아이돌 서바이벌 프로그램인 「로드 투 킹덤」이라는 프로그램에 원어스가 출연한 적이 있어요. 이후 앨범 판매량과 팬 수 등이 확실히 많이 늘어나는 가시적인 성과를 볼 수 있어서 매우 뿌듯했습니다.

아티스트 매니지먼트 업무의 비전은?

다른 직군보다 일에 대한 피드백이 빨리 오기 때문에 빠르게 일을 진행하여 재미있게 일할 수 있습니다. 또 매니저를 10년 정도 하면 전문성이 부여되기 때문에 엔터사의 여러 분야에서 일할 수 있는 능력도 가질 수 있습니다.

앞으로의 목표는?

연습생이었다가 각고의 노력 끝에 스타가 되는 아티스트들을 보면서, 스스로에 대한 새로운 가능성을 찾을 노력도 많이 하게 됩니다. 또 업무를 하다 보면 각계각층의 사람을 많이 만나 자극을 받기도 하고요. 예전에는 꿈이 그냥 '매니저'였다면 지금은 K-POP을 비롯해 우리나라 문화를 전 세계에 더욱 널리 알리는 것이 목표입니다.

RBW 아티스트 매니지먼트본부
안성희 팀장

현재 담당하고 있는 아티스트는?

현장 매니저일 때는 마마무를 담당했었고, 현재 홍보 매니저로는 마마무를 비롯해 브로맨스, 원어스, 원위, 퍼플키스, 양파, 먼데이키즈 등을 담당하고 있거나 담당한 적이 있습니다.

일을 시작하게 된 계기는?

어렸을 때부터 엔터사에 관심이 많았기 때문에 일해 보고 싶다는 꿈을 가지고 있었어요. 그래서 RBW의 기획 매니지먼트 교육과정에서 수업을 듣던 중 김진우 대표님에게 실무 수업을 받게 됐고 스카우트됐습니다.

팀에 입사 시 갖춰야 할 스펙은?

어떤 회사의 경우 현장 매니저도 4년제 이상의 스펙을 요구하기도 하지만, 대체로 학력에 까다롭지는 않습니다. 오히려 관련 없는 학과보다는 엔터와 관련된 분야라면 업무의 이해도가 높을 테니 2년제 대학이나 프로그램 수료자를 선호하기도 하고요. 대학을 다시 다닐 수 없다면 관련 교육을 수료하는 것도 추천합니다.

업무에 가장 필요한 능력은?

로드 매니저라면 아티스트의 스케줄을 정리할 수 있는 능력, 홍보 매니저라면 업무를 정리할 수 있는 능력이 가장 중요합니다. 홍보 매니저는 아티스트뿐만 아니라 방송국 등 여러 매체에서 아티스트의 PR을 잘해야 하기 때문에 비즈니스도 잘한다면 좋겠습니다. 다른 직종과 마찬가지로 이론과 실무는 차이가 있어요. 그래서 앨범 제작 과정이나 아티스트가 만들어지는 과정을 배운다고 해도 직접 일하면서 몸으로 부딪힐 때는 또 달라지기도 합니다.

여자 매니저도 많은지?

주로 운전을 하고, 방송에 나오는 매니저들도 대부분 남자였기 때문인지, 사람들은 매니저에 대해 선입견이 있는 편인데, 실제로 매니저 중 여자가 40% 돼요. 아무래도 남자보다는 여자가 더 디테일하고 섬세하기 때문에 실수가 적고 함께 일하기도 좋습니다. 물론 체력적으로 힘든 부분도 있지만요. 일이 워낙 바쁘다 보니 관리할 시간이 없어 여자 매니저들이 대부분 머리가 숏커트 수준으로 짧다는 것도 독특한 점이죠.

일하면서 가장 힘들 때는?

로드 매니저를 할 때는 역시 체력적인 부분이 가장 힘들었습니다. 업무의 특성상 현장 출근과 현장 퇴근을 많이 하기도 하고 자정에 출근한 적도 있어요. 출퇴근이 힘들어서 담당 아티스트와 같이 산 적도 있을 정도니까요. 보람도 크지만 정신적, 육체적으로 힘든 일도 많기 때문에 눈앞에 보이는 화려함만 보고 지원하지는 않았으면 좋겠습니다.

일하면서 가장 보람을 느낄 때는?

엔터사의 직원으로서 아티스트들이 성장해 나가는 과정을 함께하는 것이 가장 보람 있습니다. 아티스트들이 무대에 올랐을 때 에너지가 나기도 하고, 무사히 무대에서 내려오는 것을 봤을 때도 뿌듯합니다.

앞으로의 목표는?

처음에는 엔터사 대표가 꿈이었지만 지금은 소박하게 바뀌었어요. 아무런 이슈가 없는 평온한 일과를 마치는 게 목표가 되었으니까요. 회사와 아티스트에게 아무 일 없이 하루 일정이 무사히 끝나는 게 가장 큰 바람입니다.

5

FAN
MANAGEMENT
팬 매니지먼트

1 팬들의 매니저, 팬 매니지먼트

2 팬 관리 업무, not 어려움 but 보람

3 업무에 최적화되기

◉ 실무 인터뷰 ― RBW 팬 매니지먼트 정승은 팀장

1
팬들의 매니저,
팬 매니지먼트

예전이나 지금이나 아티스트의 성공을 좌우하는 것은 다름 아닌 팬이다. 아티스트의 음원부터 각종 프로덕트를 소비하고 '덕질'하는 팬층이 두텁고 오래가야 아티스트로서 살아남을 수 있기 때문이다. 팬들의 역할이 점점 더 다양하고 적극적이 된 요즘은, 특히 아이돌의 팬클럽은 소속사인 엔터사와도 긴밀한 관계를 유지한다. 데뷔를 하거나 컴백을 할 때 서포터 혹은 마케터로서 중요한 역할을 한다.

팬들을 관리하는 직무는 '팬 매니지먼트' 혹은 '팬 마케팅' 두 가지 단어를 사용하는 것이 일반적인데, 엔터사에서는 흔히 '팬 매니지먼트 팀'이라는 부서로 존재한다.

아이돌의 홍보 마케팅이 체계화되기 이전에는 팬들이 팬클럽을 조직하고 각자 예산을 모아 비공식적으로 아티스트를 지원하는 것이 일반적이었다. 그러나 이 과정에서 여러 가지 문제가 생겼고 이를 해결하는 동시에 팬들과 좀 더 적극적으로 소통하여 팬들의 만족감을 올리고 아티스트와 팬들과의 관계가 좀 더 잘 형성될 수 있도록 하기 위해 팬 매니지먼트 부서가 탄생하게 되었다.

지난 10년간 미디어 환경은 매우 크게 변했다. 이런 미디어의 변화로 일방적인 형태의 텔레비전 방송뿐만 아니라 팬과 아티스트가 양방향으로 소통할 수 있는 공간이 많아졌다. 그와 더불어 팬들이 그들만의 소리를 내며 서로 소통하는 공간도 늘어났는데, 이 때문에 팬들의 목소리, 요구사항, 그리고 그들이 생산해 내는 다양한 2차 콘텐츠들이 급속도로 많이 생기게 되었다. 이는 아이돌 그룹의 글로벌 진출과 성공에 무관하지 않을 만큼 중요한 포인트가 되었다.

팬들은 팬 카페나 커뮤니티, SNS를 통해 아티스트에 대한 감상을 나누고 정보를 공유하는 것은 물론 기존 영상을 쪼개거나 새롭게 편집하여 '짤' 형태의 콘텐츠로 확산시키기도 한다.

팬들의 입장에서 아티스트에 대한 풍부한 콘텐츠를 접할 수 있는 통로가 많아진 것이므로 '덕질'이 화려해지고 다양해진다는 점에서 즐거울 수 있다. 하지만 팬들이 집단 행동을 해서 상품을 보이콧 하거나, 종종 잘못된 정보의 공유로 인해 회사나 아티스트에 부정적인 영향이 생기기도 한다.

그래서 엔터사 입장에서도 이러한 팬들의 덕질을 도와주고 지원해주는 동시에, 혹 부정적인 의견이 생기지 않도록 최대한 세심하고 적

팬들과 만난 원위의 Live Concert 'O! NEW E!volution Ⅱ'

극적으로 관리해야 한다.

사실 엔터사에서 팬 매니지먼트의 중요성을 처음부터 인지한 것은 아니다. 아티스트를 사랑하는 팬들이므로 그들이 재생산하는 좋은 콘텐츠들이 확산되어 팬덤이 늘어나는 순기능을 가져올 것이라고 생각하기가 쉽고, 부정적인 의견이 있더라도 다분히 애정에 기인한 것이라고 여겼기 때문이다.

하지만 다른 분야와 마찬가지로 긍정적인 팬들만 있는 것은 아니고 극단적인 팬들도 존재하는 것이 사실이다. 팬클럽 운영진에서 트러블이 생기기도 하고, 비판을 애정으로 생각하면서 매우 잘못된 정보(사실이 아닌)가 확산되기도 했다. 또 무조건적인 지지를 하다가도 작은 사건 하나에 마음이 상해서 악플러가 되기도 하고, 누군가 무심코 던진 말한마디가 수많은 유언비어와 루머를 생성해 다른 팬들을 선동하기도 했다.

그렇다 해도 팬은 아티스트를 그 자리에 있게 하는 가장 큰 원동력임에 변함이 없다. 이제는 어떤 아티스트도 팬들과의 상호작용 없이는 성공할 수 없다. 팬은 아티스트의 콘텐츠를 가장 널리 알릴 수 있는 든든한 지원군이다. 그래서 팬 매니지먼트팀의 팬 관리는 팬들에게 회사와 아티스트의 방향을 함께하며 서로를 이해하고 더 큰 만족감을 얻는 가장 효율적이고 특별한 방법임에 틀림이 없다.

RBW의 경우, 팬과의 소통을 위해 여러 가지 방법을 사용하고 있다. 중요한 스케줄 결정 사항에서는 투표를 하기도 하고, 방송이 끝나면 팬들과 함께하는 자리를 갖기도 한다. 물론 소통이 힘들어져서 다소 안타까운 일들이 일어난 적도 있었지만, 적극적인 해명을 통해 아티스트의 목소리, 회사의 목소리를 이해시키려는 노력을 열심히 했다. 대부분은 오해에서 벌어진 일들이 많았는데, 그 오해를 풀기 위해 설명을 하면 오히려 더 많은 오해가 일어나기도 한 적이 여러 번 있어서, 벌어졌던 사건들에 대한 자세한 얘기는 생략하기로 한다.

결국 팬들도 회사도 그리고 아티스트도 각자의 자리에서 역할을 하는 것이다. 또 각자의 역할에 최선을 다해야만 아티스트는 스타의 자리를 유지할 수 있다. 그래야 팬들은 행복한 '덕질'을 할 수 있고, 회사도 더 발전할 수 있다. 서로의 자리에서 충실하며, 부딪치는 부분은 최대한 양보하고 잘 이해해서 긍정적인 방향으로 나아간다면 결국 모두가 함께 더 행복할 수 있다. 그게 바로 팬 매니지먼트팀의 사명이자 역할이다.

아티스트가 참여한 마케팅 회의

모두를 위한 중립성

팬 매니지먼트 부서에서 일하기 위해 필요한 자질은 여러 가지가 있다. 그중 가장 기본은 지원하는 회사에 소속된 아티스트의 팬이어서는 안 된다는 것이다.

물론 과거에 어떤 아티스트의 열성팬이었다는 것은 여러모로 관련 지식을 가지고 있다는 뜻이기 때문에 큰 장점이 될 수 있다. 그러나 팬 매니지먼트 업무는 매우 중립적이어야 하고, 팬들의 입장은 물론 엔터사나 아티스트의 입장도 충분히 배려할 수 있어야 한다. 때로는 타협도, 싫은 소리도 해야 하기 때문에 한쪽의 입장만 대변한다면 그것은 올바른 팬 매니지먼트 업무라고 할 수 없다.

아티스트에게 있어서 팬은 꼭 필요한 존재지만, 엔터사 입장에서 이 둘은 가깝지만 먼 사이가 돼야 한다. 양쪽이 다 소중하기 때문이다.

만약 팬 매니지먼트 직원이 팬의 입장에서 업무를 진행하다 보면 회사의 경영 방향성이나 아티스트의 성장 방향이 흔들릴 수 있다. 반대로 엔터사의 입장만 전하다 보면 팬들은 기분이 상해 '탈덕' 사태로까지 번질 수 있기 때문에 주의해야 한다.

어느 엔터사에서 소속 아티스트의 팬클럽 회장이라면 회사 일에도 애정을 갖고 일을 잘할 것이라는 기대로 입사를 시킨 적이 있었다. 하지만 결국은 언제 터질지 모르는 폭탄을 안고 있는 셈이 되었다. 회사의 여러 가지 정보를 외부 팬들과 공유하게 되면서 커다란 문제를 만들어 내기도 했던 것이다.

또 회사나 아티스트의 입장은 고려하지 않고 주관적인 입장, 그저 팬심만 가지고 일하다 보면 한순간에 누구보다 무서운 악플러가 될 수 있기 때문에 절대 팬클럽 임원을 직원으로 들이는 일은 지양해야 할 일이다.

한 가지 재미있는 에피소드가 있다. 추가 업무가 없는데도 가끔 새벽까지 퇴근을 하지 않는 직원이 있었다. 알고 보니 그 직원은 아티스트의 팬이었는데, 그 아티스트가 새벽에 스케줄을 마치고 회사에 복귀한다는 사실을 알고 기다린 것이었다. 새벽에 아티스트가 회사로 들어왔고 그 직원은 달려가서 격한 반가움을 표시한 뒤 바로 퇴근했다. 그 직원은 일을 하러 입사한 것이 아니라 아티스트를 보기 위해 입사한 것과 같았다. 직원 입장에서는 좋아하는 아티스트 소속사에 입사했으니 자신을 '성덕'이라고 생각할 수도 있겠지만, 회사 입장에서도 아티스트 입장에서도 매우 부담스러운 상황이 될 수밖에 없다.

회사에서 아티스트와 함께 진행하는 일은 팬이 모르는 게 나은 경우도 많다. 그렇기 때문에 회사에 따라 다르겠지만, 팬을 채용하는 것을 꺼려하는 것이 일반적이다. RBW에 지원하는 이력서를 보면 현재 마마무의 팬이고 팬클럽 임원 경력을 자랑하는 경우가 많은데, 아쉽게도 이런 경우 합격하기는 쉽지 않다.

직업의식을 가지고 일할 수 있는 직원, 회사와 팬들 사이에서 최선을 다해 아티스트의 성장을 위해 중립적으로 의견을 조율할 수 있는 직원을 더 선호하기 때문이다. 그런 직원을 뽑아야 회사도 아티스트도 그리고 직원 개인도 성장할 수 있을 것이다.

2
팬 관리 업무,
not 어려움 but 보람

팬 매니지먼트는 팬을 관리하는 일이 주 업무인 만큼 팬덤을 경험한 적이 있거나 팬덤의 성향, 대화와 행동 방식, SNS 활용 포인트, 의견을 나누는 장소와 내용, 어느 부분에 반응하는지 등에 대해 잘 알고 있어야 업무를 할 때 유용하다.

한번도 누군가의 팬이었던 적이 없다면 업무에 적응하는 것이 조금 더딜 수도 있다. 기본적으로 아티스트나 음악에 관심이 없는 사람이 이 파트에 지원하지는 않을 것이라고 보는 것이 일반적이기는 하다.

팬 매니지먼트팀은 팬덤의 관리와 소통 그리고 그들에 대한 이해와 설득이 기본이다. 아티스트 활동 중 팬과의 접점에서 벌어지는 활동에 집중하여 일을 경험할 수 있고, 기획팀보다는 접근이 쉬울 수 있다는 점에서 엔터사 취업 입문자에게 추천할 수 있다.

히지만 앞에서도 언급한 것처럼 팬 입장에서 아티스트가 소속된 엔터사에 취업하는 것은 바람직하지 않다.

팬들의 인솔자

팬 매니지먼트는 CS, 즉 고객 관리라고 할 수 있다. 팬은 아티스트에게 있어서 주 고객이기 때문에 팬 관리는 필수이며, 팬 매니지먼트가 그 역할을 하는 셈이다. 그러므로 팬 카페, 각종 SNS 등 온라인에서의 소통과 공개방송, 콘서트, 팬 미팅, 팬 사인회 등의 현장에서 팬을 만나는 인솔자 역할 등이 주 업무에 속한다.

팬들과 가장 직접적으로 만날 수 있는 자리는 각종 텔레비전 음악 프로그램이 공개방송을 하는 자리다. K-POP이 현재의 위상을 가지게 하는 데 지금까지 가장 큰 역할을 한 것이 공개방송이다. 텔레비전의 역할이 작아졌다고는 하지만 아직도 국내뿐만 아니라 전 세계로 송출되기 때문에 공중파 TV의 음악방송은 아직도 매우 중요한 마케팅 수단 중 하나다.

공개방송은 텔레비전에서 송출된 이후에도 국내뿐 아니라 전 세계에서 재방송되고 오랜 시간이 지난 후에도 기록이 남기 때문에 아티스트가 보여 줄 수 있는 최선의 무대를 꾸며야만 한다. 게다가 무대는 아티스트가 무대 위에 오르기 전엔 몰랐던 발휘하지 못한 능력을 발견할 수 있는 미지의 영역이기도 하다.

이때 가장 중요한 것이 바로 팬들의 반응, 즉 함성이다. 팬들의 깊은 애정과 열정이 녹아 있는 함성은 아티스트의 잠재력을 한껏 끌어올릴 수 있다. 엄청난 시너지 효과를 가져와 아티스트의 역량을 120%, 200% 발휘할 수 있게 만드는 것이다.

팬들의 기운, 아티스트의 잠재력 그리고 화려한 조명과 무대의 뜨거운 기운이 합쳐져 본인도 몰랐던 새로운 아티스트로서의 모습이 나오게 되면, 그야말로 대박이 날 수도 있다.

팬들을 인솔하는 것은 단순한 자리 채우기가 아니다. 더 많은 호응을 유도해 아티스트가 더 좋은 무대를 만들 수 있도록 돕는 일이기 때문에 리허설 전부터 그들을 독려하며 응원 계획을 전달하고 연습시키는 업무는 매우 중요할 수밖에 없다.

또한 각 방송사별로 각각의 아티스트에게 할당된 팬 인원이 제한적이기 때문에 미리 사전에 현장에 응원할 팬들을 모으고 정확히 정해진 시간에 입장시켜야만 한다.

팬 매니지먼트팀의 인솔자는 이처럼 회사와 팬들이 직접 만나는 유일한 접점이기도 한데, 팬들을 잘 챙기는 이미지와 친절함을 유지해야 함은 물론 공식적인 직무를 수행하는 태도, 강단 있는 직원의 모습을 유지하며 팬들이 우왕좌왕하는 것도 잘 정돈할 수 있어야 한다.

이밖에도 방송국에서 안전사고를 예방할 수 있도록 주의 사항을 전달하고, 만약 사고가 있다면 회사 차원에서 적극적으로 팬들을 챙겨야

원위 대면 팬 사인회

팬들을 안내하는 팬 매니지먼트 팀(위) / 팬들이 아티스트에게 보내는 선물(아래)

한다. 또한 방송국에서 자리 결정, 팬들의 선물 정리 및 전달 등 다양한 역할을 해야 한다.

팬 카페 관리와 자발적 권리 보호

팬 카페 관리는 간단해 보이지만 해야 할 일이 제법 있다.

첫째는 게시글과 댓글 모니터링이다. 팬 카페는 아티스트에 대한 반응을 실시간으로 보기에 가장 좋은 곳이다. 음악방송에 출연했을 경우도 방송 중, 방송 직후 그리고 그 이후 몇 시간이 지나며 반응은 계속 바뀐다. 그렇기 때문에 팬 매니저는 이러한 반응을 실시간으로 모니터링하고 피드백하는 일이 매우 중요하다. 어떻게 소통하고 피드백할 지를 연구하는 것은 팬 매니저의 가장 중요한 업무이기도 하다.

둘째는 메일 관리다. 팬 매니저가 하루에 받는 메일은 많게는 수백 통에 이르는 경우도 있다. 그 안에 담긴 내용은 가벼운 건의사항도 있지만, 그냥 지나칠 수 없는 좋은 아이디어가 담겨 있는 경우도 적지 않다.

어떤 내용일지 제목만 봐서는 알 수 없기 때문에 메일 하나하나를 꼼꼼하게 봐야 하고, 중요한 내용은 보고하거나 직접 처리해야 하므로 하루 업무의 꽤 많은 시간을 할애할 수밖에 없다.

팬 매니저 업무를 하는 직원이 지방 팬에게 메일을 한 통 받은 적이 있다. 어느 학원에서 우리 소속사의 아티스트 얼굴을 전단지에 함부로 쓴다는 것이었다. 메일을 받은 이후 내용증명을 보내고 법적인 액션을 하면서 더 이상 사용하지 못하게 했는데, 만약 그 팬의 정성 어린 메일이 아니었다면 그 아티스트의 얼굴은 여전히 학원 전단지에 있을지도 모른다.

이렇게 회사가 발견하지 못한 초상권, 저작권 등의 신고 메일도 많기 때문에 모든 메일은 반드시 확인하는 것이 좋다. 회사가 부모라고 가정한다면 팬은 우리 아티스트를 함께 보호해 주는 일종의 친인척 같은 존재다.

몇 년 전 RBW의 아티스트 화사가 TV 프로그램에 나와 곱창을 먹으면서 본사 인근의 곱창 식당까지 인기가 매우 높아졌다. 그런데 회사와 정식계약을 하지 않았음에도 불구하고 전혀 관련이 없는 매장에서 화사가 출연했던 프로그램을 내내 틀어 놓았다. 심지어 화사가 출연한 프로그램의 일부를 플래카드로 크게 만들어서 가게 앞에 걸어 놓기도 했다. 아마도 화사가 몇 번쯤 그곳을 다녀간 적이 있는 것은 사실인 듯했다. 하지만 무단 초상의 사용은 문제를 제기하면 심각한 상황까지도 갈 수 있기 때문에 주의해야 한다. 또한 회사에서도 모니터링을 통해 무단 사용되는 경우가 있다면 주의를 주고 아티스트와 회사의 권리 보호를 위해 노력해야 한다.

초상권은 아티스트와 회사에 있어 매우 중요한 권리 중 하나다. 초상권과 브랜드는 곧 회사의 매출이며 아티스트의 수입이기 때문이다.

저작권이 매우 중요한 아티스트가 불법적으로 저작권이나 초상권을 침해받지 않기 위해 음악과 사진 모두를 꼼꼼히 모니터링하는 것은 필수다. 하지만 회사에서 모든 것을 관리하기는 불가능하기 때문에 자발적으로 이러한 불법적인 일을 찾아내는 팬심은 매우 소중한 정보일 수밖에 없다.

사실 이러한 법률상 갈등에 관한 모니터링도 팬들의 자발적인 참여가 매우 큰 도움이 될 수 있다. 자체적으로 불법적인 이슈를 찾아내고 공식적으로 제제를 가하여 권리를 보호하는 탄탄한 방어 시스템을 구축하는 것도 중요하지만, 손닿지 않는 곳에서도 아티스트의 권리를 찾을 수 있도록 팬들의 자발적인 도움을 받는 것도 매우 중요하다.

콘서트 등 각종 행사 서포트

아티스트의 콘서트, 팬 미팅을 비롯한 각종 활동에서 팬들을 챙기는 것 또한 팬 매니지먼트팀의 주요 업무다.

콘서트 및 팬 미팅 때는 팬클럽 회원들의 입장 순서 관리나 티켓 배포 등을 세심하게 챙겨야 한다. 특히 콘서트 티켓을 일반에 공개하기 이전에 선구매할 수 있도록 하는 팬클럽 운영 특전도 잊지 말아야 한다.

공연에서는 팬들의 입장 및 퇴장까지 동선을 정하고 챙겨야 함은 물론 장애인 팬들을 위한 이동경로와 휠체어석 관리도 해야 한다. 팬들

PLANET NINE :

V●YAGER

JANUARY 04, 2022

EVENT 인증샷을 찍고 SNS에 공유하면 추첨을 통해 스페셜 기프트 증정!

응모기간 2022.1.4 (화) - 2022.1.18 (화)

당첨자발표 2022.1.20 (목)
RBW SNS (ⓐRBW, Inc ⓐrbw_bridge)

유의사항
· 응모대상은 이벤트 기간 내 SNS(트위터, 인스타그램, 페이스북)에 업로드 된 사진으로 한정합니다.
· 동일한 사진으로 중복 응모가 확인 될 시 매당 모든 응모가 취소처리되는 점 유의 바랍니다.
· 비공개 계정은 추첨에서 제외됩니다.
· 당첨자에게는 개인정보 수집 및 이용에 대한 동의의 절차 입력 절차에 대해 별도로 안내예드립
예정이며, 안내 후 7일 이내 최신이 없을 경우 당첨이 취소될 수 있습니다.
· 이벤트 당첨 상품 제반에 적발 시, 추후 이벤트에서 불이익을 받을 수 있습니다.

Event
1 RBW Lounge Bridge 에 방문해 'PlanetNine : VOYAGER」 배너에서 사진을 찍는다!
2 위 사진과 #PlanetNine_VOYAGER #RBWLoungeBridge 해시태그와 함께
자신의 SNS에 업로드한다.
3 당첨되신 10분께는 친필 싸인 앨범을 드립니다!

RBW 라운지의 팬 이벤트

의 선물을 수집하여 전달하고, 화환 등을 공연장 주변에 배치하는 것도 팬 매니지먼트팀의 수고가 들어간다.

또 아티스트들이 방송 프로그램에 출연하여 기부 프로젝트 등 의미 있는 사회 복지 활동을 하기도 하는데, 이런 경우 팬 매니지먼트팀은 선명한 재원 관리 및 기부 공시를 함으로써 아티스트와 함께 참여한 팬들에게 믿음을 줄 수 있어야 한다.

팬 매니지먼트팀은 팬들을 위한 아티스트 상품을 기획하는 업무에도 참여한다. 아티스트의 생일이나 활동과 관련된 기념일에도 팬 매니지먼트팀과 기획팀, 경영지원팀이 공조하여 한정판 팬 굿즈에 대한 기획, 제작, 운영 및 판매까지 업무를 진행하게 된다.

팬들을 위한 굿즈는 의미 있는 행사를 만들기도 하고 회사의 수익 창출로 이어지기도 하지만, 무엇보다 중요한 것은 팬들에 대한 서비스다.

같은 굿즈를 만들어도 팬 프라이어리티를 제공해야 한다. 콘서트 티켓을 판매할 때 팬클럽에게는 오픈 이전에 구매할 수 있도록 하는 것과 마찬가지다. 앨범이나 굿즈도 특별판, 리미티드 에디션처럼 선판매, 선공개 등의 전략을 세워야 한다.

이렇듯 팬클럽 회원들이 아름답고 행복하게 팬질, 덕질을 할 수 있도록 서비스를 제공하는 것이 팬 매니저의 가장 중요한 팬 소통 업무라고 할 수 있다.

팬 사인회 준비 중인 퍼플키스

팬들과의 상호작용

팬 매니지먼트 업무에서 가장 중요한 점은 소통, 즉 상호작용이다. 여기서 팬들의 가장 큰 도움이자 역할은 아티스트의 콘텐츠를 빠르고 효율적으로 널리 퍼뜨리는 것이다. 이러한 활동을 매우 드라마틱하게 잘하는 팬들이 바로 BTS의 팬 '아미'다. 아미는 데뷔 초기부터 아티스트와의 소통을 통해 그들의 든든한 후원자가 되어 주었고, 덕분에 BTS의 팬덤은 전 세계에서 유래를 찾기 힘들 정도로 조직적이다. 마치 군대처럼 규모 있게 철저하고 적극적으로 활동하고 있다.

마마무 역시 팬들과 다양한 방법으로 소통하기 위해 노력한다. 팬들의 투표로 무대의상을 결정하기도 하고, 팬들의 제안을 통해 원하는 디자인의 굿즈를 만들어 판매하기도 했다. 이러한 상호작용에서는 팬클럽과의 공조가 매우 중요하므로 팬 매니지먼트 직원의 역할이 굉장히 중요하게 작용할 수밖에 없다.

팬들과 상호작용이 매우 적극적인 국가가 있다면 바로 일본이다. 일본의 팬 문화는 우리나라보다 조금 더 적극적이다. 팬 미팅 행사에서 모든 팬들과 아티스트가 악수하고 포옹하는 이벤트가 있을 정도다. 일본의 팬들은 한번 팬이 되면 그 아티스트에 대한 로열티가 강하고 지속적인 지지를 보내는 경우가 많기 때문에 각별히 상호작용하며 최선의 소통을 위한 여러 가지 서비스들을 기획·운영한다.

하지만 팬들이 늘 듣기 좋은 말만 하는 것은 아니다. 조금 날카로울 수도 있지만 논리적이고 합리적인 조언들도 적지 않다. 실제로 그런 의견들을 엔터사가 빨리 캐치하지 못하면 문제가 되기도 하는데, 좋은 아이디어를 살리지 못한 아쉬움은 물론 군중심리가 발동해 작은 일을 크게 막아야 하는 일이 생기기도 한다. 그래서 팬 매니지먼트 업무를 할 때는 팬들의 소리와 의견을 잘 판단할 수 있는 관찰력과 판단력이 중요하다.

이런 사례는 특히 문화 차이가 큰 해외에서 발생하곤 한다. 2017년 마마무가 콘서트를 했을 때, 한 멤버가 흑인 분장을 하고 무대에 올라갔다. 우리나라에서는 개그 프로그램 등에서 흑인 분장을 하는 경우가 많아 독특한 분장 정도로만 생각했는데, 미국 문화권에서는 백인이나 동양인이 흑인 분장을 한다는 것이 인종차별이라는 코멘트가 있었다. 다행히 영어로 사과문을 올리면서 그런 의도가 아니었음을 신속하게 사과했고 큰 문제 없이 넘어갈 수 있었지만, 영상과 그에 대한 리뷰가 퍼져 나가는 속도를 보면서 아찔했던 기억이 있다.

한번은 솔라가 무대에서 인도 빈디를 한 적이 있었다. 흑인 분장과 마찬가지로 색다른 코디 정도로 생각했으나 다른 전통문화를 흥미 위주로 사용하는 '문화적 도용, 문화적 전유비판론' 등의 비판도 있었다. 어떤 사람들에게는 전통적으로 가치가 있고 의미 있는 중요한 것인데, 단순히 쇼를 위해서 혹은 멋을 위해서 도용한다고 오해를 살 수 있다는 것이다. 이러한 사건을 겪으면서 글로벌 스타는 좀 더 신중하게 행동해야 한다는 것을 알았고, 전 세계 팬들과 소통하면서 작은 문화적

퍼플키스 일본 팬 미팅 악수회(위) / 원어스 안녕회(아래)

차이도 허투루 넘어가지 않도록 관리해야 한다는 교훈도 얻었다. 팬 매니지먼트팀의 팬들과의 소통이 참으로 중요한 이유다.

아티스트에게 팬들의 의견 전달하기

아티스트에게 있어 가장 중요한 것은 팬을 비롯한 세상의 관심이다. 그래서 아티스트들은 사회적인 이슈는 물론 개인적인 문제에 대해서 자신의 의견을 말하고 싶어 하지만, 그 반향을 생각하면 140자짜리 트위터도 쉽게 올릴 수 없다. 그래서 아티스트들이 자신의 의견을 확인받고 싶어 하는 경우들이 있는데, 그때 팬 매니지먼트팀의 역할이 중요하다.

팬 매니저는 아티스트가 하고 싶은 이야기를 잘 정돈하고 정제하여 올려야 하며, 논란이 예상되는 내용은 미리 상의하여 조율하는 것이 좋다. 팬 매니지먼트팀이 잘 정돈해 준다면 아티스트가 구설수에 오르지 않을 것이고, 그 반대라면 매번 과도한 언사로 노이즈가 난무하게 될 것이다.

이외에도 팬 매니지먼트팀은 음악성, 패션, 안무 등에 대해 팬들의 반응을 알려 주기도 한다. 물론 아티스트가 직접 팬들과 소통하고 의견을 나눈다면 좋겠지만, 현실적으로 아티스트들이 직접 의견을 일일이 보고 듣는 것은 불가능한 일이다. 여유가 없는 것도 이유이지만, 불

필요한 아플과 혹평을 모두 보는 것 또한 아티스트들의 성장에 좋은 요소가 아니기 때문이기도 하다.

아티스트에게 팬들의 의견을 요약 선별 정리하여 전달하는 것 역시 팬 매니저의 중요한 업무가 된다. 평소 정리해 두면 많은 도움이 될 수 있다.

rbw_official　팔로우

게시물 541　팔로워 198천　팔로우 20

RBW Official Instagram

⊞ 게시물　◉ 동영상　⑧ 태그됨

RBW 공식 SNS 계정

3
업무에
최적화되기

팬 매니지먼트 업무는 팬과의 소통, 팬들의 의견 수렴, 팬을 늘리기 위한 마케팅 활동과 방송이나 콘서트에서의 팬 인솔, 지방이나 외국인 팬에 대한 지원 업무 등으로 이루어진다고 보면 된다.

아티스트가 성장하도록 도우며 좋은 정보를 제공하고 확산하는 팬들은 회사 및 아티스트와 함께하는 동지라고 할 수 있다. 디테일하게 챙겨 주고 반응해 주며 원활한 피드백을 해 주는 것은 당연하지만, 굽힐 수 없는 원칙을 가지는 것도 필수다.

공식적인 회사의 입장은 견지해야 하며, 소수보다는 다수의 입장을 존중해야 한다. 팬클럽이 불편해한다고 해서 말을 바꾸거나 몇몇의 열성적인 팬이 원한다고 해서 들어준다면 결국 아티스트 그리고 회사의 손해로 돌아오게 된다는 것을 잊지 말아야 한다.

강한 멘탈과 책임감

팬 매니지먼트 업무를 할 때 강한 멘탈은 기본이 돼야 한다. 강한 멘탈이 없으면 상처를 많이 받게 되고 오래 일하기도 힘들다. 긍정적인 영향을 주는 팬들도 많지만, 흔히 '사생팬'이라고 하는 상식적으로는 이해하기 힘든 팬들까지도 관리해야 하기 때문이다.

몇 년 전, 마마무가 숙소 생활을 할 때 팬들이 마마무의 앞집으로 이사를 왔다는 것을 알게 돼 깜짝 놀란 적이 있다. 함께 돈을 모아 보증금과 월세를 지불하고 살면서 마마무가 들어오고 나가는 것을 실시간으로 팬클럽 내 몇몇과 함께 공유하고 있었던 것이다. 사생팬들은 애정이 지나친 나머지 팬들이 그렇게 바로 옆에서 지켜보면 아티스트들이 부담스러워할 수 있다는 생각을 하지 못한다.

결국 팬클럽에서 강제 탈퇴시켰고 아파트에서도 자진 퇴거하도록 하면서 그들의 길지 않은 사생팬 생활은 끝이 났는데, 이러한 사생팬을 계도하는 것 역시 팬 매니지먼트 직원의 역할이다.

그들을 강제 탈퇴시키는 것은 누구나 할 수 있는 일이지만 그들의 행동이 옳지 않은 것임을 인지시키는 것은 쉬운 일이 아니다. 팬 매니지먼트팀은 잘못된 길로 가고 있는 팬들을 올바른 길로 인도해야 하는 책임도 있음을 잊지 말아야 한다. 강한 멘탈이 필요하지만 그만큼 뿌듯함과 보람이 큰 일이기도 하다.

다행히 요즘은 팬들 사이에서도 자정하려는 노력이 많은 편이다. 아티스트의 일거수일투족은 알고 싶지만, 과하게 지켜보는 것이 잘못된 팬 문화의 전형이라는 것을 팬들도 알고 있기 때문이다.

팬 매니지먼트팀에서는 때로는 그런 팬들을 도와주고 때로는 단호한 행동을 하면서 아티스트와 팬들이 함께 좋은 방향으로 나아갈 수 있도록 책임감을 가지고 행동해야 할 것이다.

다양한 외국어와 SNS 능력은 필수

요즘은 한류의 지도가 전 세계로 넓어지면서 다양한 글로벌 팬들이 많아졌다. 웬만한 K-POP 가수들의 유튜브나 인스타에는 한글 댓글보다 영어 댓글이 더 많기 일쑤다. 그래서 팬 매니지먼트 업무를 할 때 영어, 일본어, 중국어 등 여러 외국어를 할 수 있다면 업무에도 많은 도움이 된다.

특히 해외 활동을 하거나 해외 반응을 보고 싶을 때 외국 팬들과 즉시 소통하고 응대할 수 있다면 매우 좋다. 기민하게 피드백을 줄 수 있기에 팬덤을 적극적으로 유치하는 데 있어 많은 도움이 될 수 있다. 그래서 팬 매니지먼트팀에 외국어가 가능한 직원을 별도로 두는 일도 이제 특별한 일이 아니다.

원어민까지는 아니더라도 기본적인 의사소통이 가능하고 팬들에게 원어로 피드백을 하겠다는 의지가 있다면 업무의 폭을 넓히고 발전하는 데 많은 도움이 될 수 있다.

전 세계 팬들이 사용하는 소통 창구는 더욱 다양해질 수밖에 없다. 유튜브나 인스타 외에도 페이스북, 트위터, 틱톡, 각종 커뮤니티 등 셀 수 없이 그 통로가 다양하다. 여기서 주의 깊게 봐야 할 것은 바로 각 SNS나 커뮤니티마다 성격이 조금씩 다르다는 것이다.

그 특성은 가입 방법부터 나타나기 때문에 사전에 관련 지식을 가지고 있으면 좋다. RBW의 경우, 팬 매니지먼트 직원을 뽑을 때 면접 질문에 넣는 부분이기도 하다. 각각의 창구에서 팬들이 어떻게 글을 올리고 소통하는지, 어느 특정 국가에서 어떤 SNS에서 어떤 의견이 있는지, 이런 SNS에서는 어떤 형태의 글이 작성되어야 하는지 등 각종 SNS에 관해 잘 파악해 두는 것이 업무에 도움이 된다.

실 무
인터뷰

RBW 팬 매니지먼트
정승은 팀장

담당한 업무는?

팬 매니지먼트팀의 팀장으로 SNS, 팬 카페 , 팬 미팅 등 아티스트와 팬이 소통할 수 있는 온·오프라인의 모든 업무를 하고 있습니다. SNS로 아티스트의 활동을 알리는 것부터 방송, 콘서트 등의 일정을 홍보하는 것이 모두 저희 팀의 일입니다.

현재 담당하고 있는 아티스트는?

저희 팀에서는 마마무, 원어스, 원위, 퍼플키스 등 RBW에 소속된 모든 아티스트들을 담당하고 있고, 저는 이를 총괄하고 있습니다.

일을 시작하게 된 계기는?

전혀 관련이 없는 전공이었는데, 우연히 공고를 보고 타 엔터사에 지원하게 됐어요. 일을 해 보니까 재미있었고 관련 학과가 있다는 것을 알게 돼 연예기획마케팅과에 다시 입학했죠. 졸업한 뒤 RBW에 입사해 벌써 8년 차가 됐습니다.

입사 시 갖춰야 할 스펙은?

업무의 특성상 학력은 크게 중요하지 않아요. 오히려 관련 없는 4년제 전공보다는 엔터 관련 학과를 다니거나 인턴 경험이 있는 게 좋습니다. 팬 매니지먼트팀의 경우 인력이 늘 부족한 편이라, 학과나 지인 소개로 면접을 보는 경우가 많아요. 아무래도 업무의 특성상 어느 정도 이 판을 읽을 수 있어야 일을 잘할 수 있으니까요.

업무에 가장 필요한 능력은?

무엇보다 꼼꼼한 성격이 중요합니다. 모든 업무가 회사와 아티스트를 대변하는 일이다 보니 SNS 오타 같은 작은 실수도 큰 이슈가 될 수 있어요. 또 SNS를 비롯해 온라인 창구를 기본 이상으로 다룰 수 있고 적응이 되어야 업무를 잘할 수 있어요. 회사나 아티스트가 어디에서 이슈가 되는지 체크하고 해결해야 하니까요.

주5일 근무, 칼퇴근이 가능한지?

사실 엔터사의 업무는 주말이나 정시 출퇴근 없이 일할 수밖에 없습니다. 방송이나 행사가 평일 근무 시간에만 진행되지는 않으니까요. 업무가 끝나고 밤 10시에 있는 방송 녹화를 위해 방송국으로 갔다가 새벽에 방송이 끝나서 회사로 돌아와 잠시 눈을 붙이고 오전 업무를 시작한 적도 있어요.

일하면서 겪은 특별한 에피소드는?

오래 일하다 보니 팬들과도 친분을 쌓게 됐습니다. 저를 언니라고 불러 주기도 하고 팬레터를 보내 주기도 해요. 마치 아티스트처럼 저를 챙겨 주는 팬들을 보면 고맙기도 하고 정도 드는데, 안 보이면 보고 싶고 생각나기도 하더라고요. 이 일을 오래 할 수 있는 원동력이기도 합니다.

일하면서 가장 보람을 느낄 때는?

방송이나 팬 미팅 그리고 콘서트 등 많은 팬들이 모이는 행사가 안정적으로 끝났을 때 보람과 안도감을 느낍니다. 몇천 명을 관리하는 것은 힘든 일이지만, 큰 행사가 잘 끝나고 팬과 아티스트가 모두 만족할 때 일을 하는 보람을 느낄 수 있어요.

팬 매니지먼트 업무의 비전은?

엔터사는 다양한 부서가 있기 때문에 경력을 쌓으면 할 수 있는 일이 많아요. 저희 팀에서 일하다가 다른 부서로 가는 경우도 종종 있고요. 무엇보다 일반 회사처럼 지루하거나 따분한 일이 아니라는 것이 가장 큰 장점이라고 생각합니다. 해 보고 싶은 좋은 아이디어를 아티스트를 통해서 해 볼 수 있고 그만큼 성취감도 크니까요.

앞으로의 목표는?

우리 팀이 더욱 커져서 회사에서 입지도 커지고 인정받고 싶어요. 그렇게 되기 위해서는 RBW 소속 아티스트들이 더욱 많아지고 성장해야 하겠지만요. 물론 일은 힘들겠지만 더 큰 보람을 느끼면서 즐겁게 일할 수 있으리라 생각합니다.

HR
MANAGEMENT &
MANAGEMENT
SUPPORT

인사 관리 및 경영지원

1 특별하지 않은 사람을 뽑는 특별한 인사팀

2 Top Secret! 엔터사에 어울리는 첫인상

3 회사의 존재 이유인 경영지원팀

4 흥미진진한 엔터사의 4가지 수익

● 실무 인터뷰 — 커넥서스랩 이상환 대표
　　— DSP미디어 경영지원본부 임숙경 상무

1
특별하지 않은 사람을 뽑는
특별한 인사팀

인사팀의 가장 중요한 역할은 바로 각 부서에 어울리는 적합한 직원을 선별하고 뽑는 것이다. 하지만 엔터사이 특성상 일에 대한 목적보다는 엔터사에 입사하겠다는 호기심 어린 목표로 지원하는 경우가 많아 인력 관리에 자주 어려움을 겪는다.

그래서 입사할 때는 일단 A부서로 들어왔지만 사실은 B부서 혹은 C부서에서 일하고 싶어 하는 경우도 흔히 있는 일이다. 그러다 보니 근속 연수가 짧고 이직을 원하는 직원들도 많아 인력을 뽑는 일이 빈번하고 쉽지 않다. 오랫동안 끈기 있게 일할 직원을 찾는 것이 그만큼 어렵다는 뜻이다. 수시로 각 부서별로 직원을 충원하다 보니 1년 내내 서류를 검토하고 면접을 본다고 해도 과언이 아닐 정도다.

일반적으로는 각 부서에 공석이 발생하거나 추가 인원이 필요하게 되면, 팀장급에서 원하는 담당 인력에 대한 요청을 인사팀에 하게 된다. 그 요청이 담당 부장, 이사를 거쳐 최종 인사권자의 컨펌을 받게 되면, 모집공고를 내고 지원서를 받아 그중에서 적합한 사람을 면접한 뒤 선발과정을 진행하게 된다.

인사팀 담당자는 충원을 요청한 각 부서의 업무와 특징을 제대로 알고 있어야 적합한 사람을 선별할 수 있기 때문에 부서별 충분한 업무 숙지는 필수다. 또한 결원이 발생한 팀의 팀장 및 팀원들의 성향을 파악하여 개인의 능력뿐만 아니라 좋은 팀워크를 위해 어떤 성향의 직원이 잘 적응하고 어울릴지에 대해서도 고민하는 것이 좋다. 그래서 현재 팀 구성원 각각의 특성을 잘 파악하는 것도 인사팀의 업무라고 할 수 있다.

예를 들어 기획팀의 모든 인원이 크리에이티브와 개성이 강하다면 의견 조율이 힘들어질 수 있다. 새로 팀장급을 충원해야 한다면 이러한 팀 내 분위기를 고려하는 것이 좋다. 업무 정리를 잘하고 각각의 팀원을 꼼꼼히 챙길 수 있는 차분한 성격의 팀장이 함께 일한다면 좋은 시너지를 낼 수 있을 것이다.

이렇게 개인의 직무 능력뿐 아니라 구성원과의 조화까지 고려해서 인사업무를 하는 것, 이것이 바로 인사팀의 가장 중요한 능력 중 하나라고 할 수 있다. 엔터사의 특성상 팀 구성원 간의 조화나 성향들이 잘 맞았을 때 훨씬 좋은 시너지를 낼 수 있기 때문에, 이 부분은 대표, 경영자 입장에서 매우 중요하게 생각하고 있다는 점을 기억해 둘 필요가 있다.

엔터사 입사를 고려하는 사람들 중에는 일에 대한 막연한 동경이나 호기심을 갖고 있는 경우가 많은 편이다. 내가 좋아하는 아티스트, 즐겨 듣던 음악, 그것을 기획하고 생산해 내는 회사에 대한 호기심과 관심은 일하는 사람에게는 어쩌면 당연한 목표와 의지의 원동력일 수도 있다. 하지만 단순히 호기심만으로 접근하고 입사하려는 사람도 많기 때문에 인사팀에서는 직원을 뽑을 때 더 신중할 수밖에 없다.

아티스트, 댄서, 작곡가, 다양한 스태프들과 잘 소통하며 어울릴 수 있으며, 독단적이지 않고 주변과 의견을 조율하며 윗사람과 아랫사람 모두와 트러블 없이 협업할 수 있고, 호기심으로 입사는 했지만 책임감과 애정을 가지고 본인 업무에 진심인, 특별한 곳에서 일해야 하지만 특별하지 않으면서도 묵묵히 끈기 있게 성장할 수 있는 그런 사람을 선별해 내고 채용하는 것이 엔터사 인사팀의 궁극의 목표다.

꼼꼼한 근태 관리

안타까운 일이지만 엔터사는 일반 기업에 비해 야근도 많고 공휴일이나 연휴에도 일하는 경우가 많다. 아티스트가 활동을 시작한다든지 뮤직비디오 촬영이 있을 때면 기획팀의 스태프는 물론 임원까지도 공휴일이나 평일 등을 가리지 않고 밤새워 일하게 된다.

야근이 많고 주 7일 근무를 할 때도 있다 보니 직원들의 탄력적인 근무 환경이 조성된다. 그만큼 이를 위한 휴일과 근무 시간 조정 등을 담당하는 인사팀의 역할이 중요하다. 각 부서마다 그 특성이 달라 형평성을 고려한 꼼꼼한 근태 관리는 중요할 수밖에 없다.

야근이나 특근을 좋은 관행이라고 할 수는 없다. 하지만 수억 원 이상이 들어가는 세트와 장비를 들여 수십 명의 스태프와 아티스트가 M/V를 제작하고 있는데, 시간에 맞춰 출근하고 퇴근할 수는 없는 것이 엔터 제작의 현실이다. 그러므로 직원들과 주기적인 면담을 통해, 업무 과부하 등을 체크해야 하며, 휴가, 수당 등 조율 가능한 보상에 대해서도 고민하고 상의해야만 한다.

아주 작은 규모의 회사가 아니라면 인사권자가 모든 직원들의 자세한 상황을 알기는 쉽지 않다. 직원들이 얼마나 업무 부하가 걸려 있는지, 어디서 힘들고 괴로워하는지, 윗사람의 횡포나 직원들 사이에 따돌림이 있지는 않은지 등 자세히 파악하기 쉽지 않은 것이 현실이다.

그래서 인사팀 역할 중 하나는 직원들과 인사권자들 사이에서 서로를 이해시키고 상황을 파악하도록 하는 것이다. 분위기가 좋지 않거나 문제가 있을 경우, 이를 미연에 방지하거나 해결하는 것도 인사팀의 역할이라고 할 수 있다. 각 부서의 팀장은 물론 인사권자 역시 직원들과 자주 만나면서 업무 및 회사생활에 대해 가능한 한 많은 이야기를 들을 필요가 있다.

인사팀은 회사의 입장과 직원의 입장 사이에서 끊임없이 조율해야 하는 역할이다. 본인도 직원이지만, 너무 한쪽에 치우쳐서 생각을 한다면 결코 좋은 인사팀 직원이 될 수 없다. 다른 직원들의 소리를 들을 때는 중립적인 위치에서 들으려는 노력이 반드시 선행되어야 한다.

때로는 기다려 주기

기획팀 직원이 한 달 내내 아이디어를 고민하고 또 고민해 기획안을 만들었다고 해 보자. 정말 잘 만들었다고 생각해 프로젝트를 진행할 수 있을 거라고 확신했지만, 팀장은 마음에 들지 않는다며 대폭 수정을 요구했다. 이 경우에 자신의 크리에이티브가 강한 직원이라면 단순한 허탈감이나 박탈감 이상의 고통을 느낄 수 있다.

이때 인사팀의 역할이 필요하다. 오랜 시간을 들인 기획안이 채택되지 못한 것은 매우 힘들고 좌절감을 느낄 만한 일이지만, 이를 바탕으로 차분히 노력한다면 언젠가는 인정받을 수 있을 거라는 작은 위로가 그 직원에게는 회사생활을 더 잘할 수 있는 큰 동기가 될 수도 있다.

꼭 기획안 등이 아니더라도 업무와 관련된 스트레스가 돌이킬 수 없을 때까지 쌓이지 않도록 적절하게 상담하고 이해할 수 있도록 돕는다면, 회사 입장에서도 좋지만 개인 입장에서도 성장할 수 있는 디딤돌이 될 수 있을 것이다. 직원이 입사해서 곧바로 적응하고 좋은 기획과 아이디어를 내면 좋겠지만 쉽지 않은 일이며, 결국 직원 한 명 한 명의 능력 및 크리에이티브가 증명될 수 있는 시간을 벌어 주는 것이 바로 인사팀이 해야 할 일인 것이다.

고용, 용역 등 계약 업무

최근 국내에서 제작된 영화 및 넷플릭스 작품들이 연이어 성공하면서 고용계약에 대한 말이 많아졌다. 열정을 강요하며 노동법을 잘 지키지 않는 콘텐츠 업계의 좋지 않은 관행이 지금까지도 이어지고 있기 때문이다. 제대로 회사를 운영하고 성장시키기 위해서 법을 지키는 것은 기본 중의 기본이다. 최저시급, 고용계약, 노동법 등을 꼼꼼하게 검토해 직원들이 더 믿고 일할 수 있는 환경을 만들어야 한다.

그 시작은 바로 고용계약이다. 엔터사에서는 인턴십 그리고 정직원과 고용계약을 하는 것 외에 복잡한 프리랜서 계약 업무가 추가된다. 작곡가, 세션맨, 댄서, 엔지니어, 뮤직비디오 감독 등 다양한 분야에서 프리랜서를 고용해 코워크(co-work)로 프로젝트를 진행하는 경우가 많기 때문이다. 예전에는 구두로 계약하는 경우가 많았지만, 이제는 일회성, 단기간 프로젝트라고 하더라도 반드시 계약서를 작성하고 서명을 받아야 한다.

특히 예술인 고용보험 제도를 숙지하고, 프리랜서와 용역 업무를 할 때도 계약서와 고용보험료를 의무적으로 챙겨야만 한다. 다음과 같이

2020년 12월부터 시행된 예술인 보험 제도를 알아보자.

1) 예술인 산재보험

근로계약을 체결하지 않고 프로젝트 단위로 활동하는 프리랜서 예술인도 산재보험에 가입하여, 직업 예술 활동 시 발생한 재해를 산재로 인정받아 보상을 받을 수 있다.

2) 예술인 고용보험

문화예술용역 관련 계약을 체결한 예술인으로 120~270일간 구직급여와 90일간 출산전후급여가 지급된다. 단, 이직일 전 24개월 중 9개월 이상 고용보험에 가입돼 있어야 한다.

승진과 인센티브

인사팀이 중요한 이유는 바로 직원들의 승진과 인센티브에 중요한 의견을 제출해 인사권자에게 큰 영향을 미칠 수 있기 때문이다. 이사진이나 대표이사가 모르고 지나칠 수 있는 것들을 꼼꼼하게 보고 전달하며, 승진과 인센티브가 적절히 취해질 수 있도록 객관적으로 판단하고 보고하는 것은 매우 중요하다.

이러한 업무를 하면서 비밀 유지를 철저히 하는 것도 필수다. 업무 특성상 인사팀은 직원들의 승진 여부, 연봉과 인센티브 등을 알고 있을 수밖에 없다. 실수로 정보를 누설하는 경우, 큰 문제가 될 수도 있기 때문에 알면서도 모르는 척, 모르면서도 아는 척 하는 센스가 필요하다.

일을 하다 보면 직원들은 자신의 업무 성과가 승진이나 인센티브를 받아 마땅하다고 생각할 수 있다. 하지만 그 판단은 자신이 아닌 팀장 및 인사권자가 해야 한다. 만약 자신의 성과가 제대로 인정받지 못해 이의를 제기하고 싶다면, 팀장이나 인사권자가 아닌 인사담당자에게 적절하게 표현하는 것이 맞으며 효과도 가장 높다.

보통 자신의 가치는 본인이 정하고 주장한다고 생각할 수 있지만 그렇지 않다. 본인의 가치는 주변에서 판단하고 확인해야만 진짜 그 가치로 인정받을 수 있다.

아무런 이유 없이 연봉을 올려 달라고 말하면 받아들여지지 않을 확률이 높다. 본인의 연봉을 무조건 올려야만 하는 이유를 주변에서 알 수 있게 만드는 것이 가장 현명한 방법이다.

물론 회사가 본인의 가치를 그때그때 즉시 알 수 없을 확률이 높다. 직원의 가치 판단에는 시간이 걸리고, 확인할 때까지 여러 절차도 필요하기 때문이다. 또한 가치를 판단하는 방법과 기준이 직원 개인의 생각과는 다른 방향일 경우가 매우 많다.

인사담당자의 역할은 이러한 소통을 좀 더 원활하게 하는 데 있으며, 그렇기에 직원들도 인사담당자와 잘 소통하려는 노력이 필요하다. 승진과 인센티브를 원한다면 그만큼 노력하고 성과를 이뤄 낸 후, 인사팀을 통해 완곡하게 어필하는 것이 가장 좋은 방법이라고 할 수 있다.

인사팀 담당자는 모든 직원이 승진과 인센티브를 위해 노력하는 것은 아니라는 점도 염두에 두어야 한다. 주어진 업무만 충실히 수행하는 데에서 만족하는 직원들도 다수 있는데, 개인적인 성향이고 직업관이기 때문에 이에 대해 시시비비를 판단하는 것은 어렵다.

만약 승진과 인센티브 그리고 더 큰 목표를 위해 적극적으로 노력하는 사람만 있거나 근무 시간에 주어진 일만을 하는 소극적인 사람만 있다면 그 회사는 오히려 갈등이 깊어져 발전이 더딜 수 있다. 두 부류의 사람이 적절히 섞여 있어야 기업은 균형 있게 운영되고 효율적으로 성장해 나갈 수 있다.

인사팀의 기본 자세

업무에서 가장 중요한 것 중 하나가 끈기와 책임감이다. 기본적으로 인재를 뽑을 때 옥석을 가리는 가장 쉬운 방법은 책임감을 보는 것이다. 단순한 호기심으로 도전은 했어도 책임감이 있다면 여기저기 이직을 자주 하지 않았을 것이고, 이직을 많이 했다 하더라도 업무 분야는 일관성이 있을 수 있다. 책임감을 위주로 한 분야에서 꾸준히 커리어를 키우려고 노력했던 사람을 찾아내는 것이 실패할 확률이 낮다.

책임감과 기본 업무 능력 외에 아티스트 및 스태프와도 잘 어울릴 수 있는 융통성과 사회성도 필수다. 아티스트와 스태프 사이에서 흔들리지 않고 업무의 중립성을 지키면서도, 그들과 딱딱하지 않게 의사소통할 수 있는 융통성은 엔터사 직원 중에서도 인사팀 직원이 가져야 할 중요한 덕목이 된다.

인사팀에서 일하게 되면 모든 직원의 불평불만을 자주 듣게 된다. 12시간에서 24시간으로 연장된 뮤직비디오 촬영으로 야근을 해야 하는 기획팀, 연습생들과 그들의 부모님 때문에 스트레스를 받는 신인개발팀, 자꾸 펑크를 내는 아티스트 때문에 힘들어하는 A&R, 데이터를 시시각각 백업하고 지루한 인덱싱 작업을 해야 하는 엔지니어 등 업무가 힘든 이들의 피난처는 인사팀이 될 수밖에 없다.

그때 인사팀이 사람 혹은 팀 사이의 적절한 화해와 조정 역할을 해준다면 그런 상황이나 업무도 합리적으로 처리될 수 있다. 여기서 주의해야 할 것은 때로 자로 자른 듯한 똑 부러지는 일처리가 반감을 가져올 수도 있다는 것이다. 1은 1이고 2는 2라는 식으로 선을 그어 버리면 서로 마음만 상하고 업무 조율이 더 어려워질 수 있다. 거절을 하더라도 마음이 상하지 않게 부드럽게 거절하는 융통성 있는 대화법 그리고 직원들을 위로하고 힘든 이야기를 들어 줄 수 있는 따뜻한 성격이 인사팀 직원의 기본 자세일 것이다.

또한 힘든 이야기들을 듣고도 마음속에 담아 놓지 않고 업무상 필요한 부분들만 취하고 나머지는 버릴 수 있는 판단력과 쿨한 성격도 인사 업무를 꾸준히 지속하는 데 필요할 것이다.

인력풀 만들어 두기

몇 주 전, 직원이 필요해서 취업 사이트에 공고를 올렸는데 다른 때보다 적임자가 빨리 나타났다. 이미 충원은 끝났는데 공고를 보고 어떤 지원자가 서류를 보냈다. 그런데 자세히 읽어 보니 일을 잘할 것 같은 확신이 들었다. 이럴 땐 지금 자리가 없다고 지원서를 삭제할 것이 아니라 나중을 위해 미리 인력풀에 넣어 놓자. 다음에 직원을 구해야 할 경우, 먼저 연락해 볼 수 있기 때문이다. 물론 우리 회사를 위해 기약 없이 기다려 달라고도 할 수는 없지만, 자리가 생겼을 때 한 번쯤 연락해 볼 수도 있다. 정말 놓치기 아까운 인재일 경우는 임원진에게 보고해 함께 의논하는 것도 좋은 방법이다.

인재 공유하기

엔터 업계는 넓지 않기 때문에 한두 명의 업계 지인들만 확인해도 아는 사이인 경우가 많다. 그래서 늘 인재난을 겪는 인사담당자들은 그들끼리의 모임을 만들어 힘든 일을 토로하기도 하고 인재를 공유하기도 한다. 괜찮은 지원자가 있다면 우리 회사에는 자리가 없지만 다른 회사에 추천할 수도 있고, 다른 회사에서 인재를 추천받을 수도 있기 때문에 이러한 시스템을 이용하는 것도 좋다.

2
Top Secret!
엔터사에 어울리는 첫인상

엔터 업계에서 흔히 얘기하는 '엔터 성향'이라는 것이 있다. 엔터 성향은 시크하면서도 밝고, 우직한 끈기와 발칙한 크리에이티브를 동시에 갖는 것인데, 말이나 글로 설명하기 쉽지 않다. 그래도 한마디로 정리해 말하자면 '어울릴 것 같지 않은 느낌의 조합'이라고 할 수 있다.

엔터사에서 일하기 적합한 엔터 성향을 가진 인재, 잘 성장할 확률이 높은 사람을 미리 골라내는 작업은 인사팀의 영원한 숙제다.

밝은 분위기와 성격

외모와 관계없이 그 자리를 환하게 만들어 주는 사람이 있다. 밝은 분위기와 성격을 가지고 있는 경우, 업무를 할 때도 영향을 미치기 때문에 필수로 봐야 할 부분이다. 모든 질문에 일단 긍정의 표정으로 듣고 고민하는 모습이 보이는 사람을 뽑아야 한다.

간혹 표정이나 말투가 어둡거나 얼굴 전체에서 어두운 기운을 가진 사람이 있는데, 이러한 경우 대부분 주눅이 들어 있거나 눈을 똑바로 마주치지 못하고 얼굴빛이 어두워 업무뿐만 아니라 주변 직원들에게도 안 좋은 영향을 미칠 수 있으므로 신중하게 결정해야 한다.

매너 있는 겸손함

스펙이나 학력보다는 성실함과 책임감, 바른 매너와 겸손함 그리고 긍정적인 마인드 등이 우선이다.

아무리 스펙이 좋아도 자신감이 지나쳐 건들거린다거나 선배나 상사는 물론 동료 직원에게도 예의가 없다면 인재라고 할 수 없다. 특히 이런 부류의 사람은 자기 세계가 강한 아티스트들과 잘 지내야 하는 엔터사에서는 더욱 함께하기 힘들 것이다.

적당한 겸손함이나 자신을 조금 낮추어 파악하는 것은 빠른 성장을 가져오는 원동력이 될 수 있다. 또한 안주하는 성격보다는 적당한 자격지심으로 성공에 목말라하는 사람이 내외부적으로 경쟁이 치열한 엔터사에는 더 어울린다.

청결하고 단정한 외모

너무나 기본이지만 청결한 외모와 단정한 옷맵시는 기본이다. 완벽한 메이크업이나 유명 브랜드 옷보다는 손톱과 머리카락이 깨끗한지, 깔끔하게 세탁된 잘 정돈된 옷을 입었는지를 확인하는 게 먼저다.

이는 일반 면접과도 크게 다르지 않다. 어울리지 않는 큰 배낭을 메고 구겨진 옷을 입고 면접에 온다면 아무리 스펙이 뛰어나고 성격이 좋아도 입사는 요원해질 것이다.

3
회사의 존재 이유인
경영지원팀

　회사의 존재 이유는 결국 이익을 남기기 위함이다. 수익을 벌어들이고 각종 비용을 지출하되 여러 가지 장치들로 통제하는 합리적이고 효율적인 경영 활동, 이를 바탕으로 회사의 직원과 투자자들 모두 만족하는 수익을 분배하여 함께 성장하는 것, 그것이 가장 기본이자 회사의 목적이 된다.

　엔터사, 제조회사, 금융회사, 서비스회사 등 모든 종류의 회사는 지출과 수익에 대한 업무를 담당하는 경영지원팀을 두고 있다. 이는 기업 활동의 가장 근간이 되는 기본 중의 기본이다. 경영지원팀은 규모는 조금씩 다르지만 회사가 제대로 운영되고 성장을 하기 위해서 반드시 필요한 부서다.

　일반적으로 경영지원팀은 직원들의 급여를 관리하고, 필요한 사업의 예산을 편성하고 집행하다. 또 수익 효율성을 높이기 위해 비용을 통제하고 자금 슈퍼바이징 기능을 하며, 동시에 투자를 유치하고 회사의 가치를 올리기 위한 여러 가지 재무, 회계, 시스템을 관리한다. 마치 최전방 공격수인 경영자를 돕는 수비수 역할이다.

오너 및 대표와 가장 가까이에서 그들을 도와야 하는 경영지원팀 직원은 업무에 필요한 경영 및 회계 지식을 아는 것은 기본이며, 숫자의 정확성, 논리적인 사고, 냉정한 판단력 등을 필수적으로 요구받는다.

조금은 특별한 엔터사의 경영지원팀

엔터사에는 일반 기업과 비슷하지만 다른 몇 가지 특징이 있다. 사내에서 진행하는 여러 프로젝트의 상품이 대부분 사람, 즉 아티스트의 활동으로 기인하여 이루어진다는 점이다.

각 프로젝트에 대한 투자예산 등을 편성하고 집행하는 것은 물론, 프로젝트로 인해 발생하는 비용과 수익의 창구 역할을 하면서 손익 계산을 해야 하는데, 그렇게 해서 결국 만들어지는 것도 '아티스트' 자체이다.

사람은 물건이 아니다. 계속 생각하고 말하고 변하며, 본인만의 의지가 있기 때문에 단순히 숫자로 된 이익과 비용에 대한 논리적인 근거만 가지고 대할 수 있는 존재가 아닌 것이다. 게다가 아티스트들은 훨씬 더 감성적으로 강한 측면이 있어 논리적으로만 접근해서는 좋은 상품을 만들 수도 없는 것은 물론, 프로젝트를 성공적으로 진행하는 것도 어려울 수 있다.

각종 아티스트들과 현장에서 협업하는 A&R이나 제작팀 직원에 비해 경영지원팀은 아무래도 좀 더 떨어져 일하기 때문에 아티스트와의 소통이나 관계 형성이 어려운 경우도 있다.

그래서 엔터사의 경영지원팀은 숫자와 논리를 기본으로 하되, 꾸준히 제작 프로젝트의 목적, 취지나 방향성, 콘셉트와 예술적인 시도의 의미, 참여하는 아티스트들의 특징 등 네트워킹에 꾸준히 노력을 기울여야 한다. 숫자나 논리와 직접적인 관련은 없지만 제작팀 직원들이 아티스트들과 소통하는 작업은 프로젝트의 이해도를 올리기 위해 꼭 필요한 작업이기 때문이다.

숫자 이면에 대한 관심도를 올리는 것도 이해도 제고 차원에서 효과적일 수 있다. 예를 들면 새로 발표하는 미니앨범의 음원 판매 수익과 뮤직비디오 제작 금액의 비율을 살펴보는 것이다. 그냥 보면 단순한 숫자일지라도 그 안에는 뮤직비디오 제작의 효율성에 대한 내용이 담겨 있음을 알 수 있다. 또 이번 외주제작팀의 프로젝트 비용과 지난 번 외주제작팀의 비용을 비교해 보는 것도 좋다. 각각의 비용에 따른 결과, 즉 이익금을 비교해 보는 것도 숫자의 이면을 이해하려는 노력의 일환이다.

일반적인 기업 경영지원팀의 기본 업무는 보수적일 수밖에 없다.

100원이라도 틀리면 모든 숫자가 달라지기 때문에 업무에 제한도 많고 따분하거나 지루할 때도 있다. 하지만 엔터사의 경우 정적인 업무 안에서도 아티스트뿐만 아니라 자신의 프로젝트의 이해도를 올리려는 노력을 충분히 한다면, 사뭇 지루하던 일도 더 매력적이고 보람 있게 바뀔 수도 있을 것이다.

아티스트 및 제작 스태프와 함께 돈 얘기를 긴밀하게 해야 한다는 것은 매우 특별한 일이기도 하다. 마치 아티스트의 비밀일기장을 함께 보면서 걱정과 기쁨을 함께하는 베스트 프렌드가 된다는 느낌으로 일할 수도 있는 것이다.

프로젝트의 맨 뒤에서 이익과 비용의 숫자들을 모두 체크하며 이해도를 높이는 것은 결국 효율성과 합리성에 대한 공부라고 할 수 있다. 나아가 경영자와의 긴밀한 소통 속에서 사업을 배울 수 있어 향후에 창업을 목표로 하는 직원들에게도 경영지원팀은 볼수록 매력인 '볼매' 직군이라고 할 수 있다.

함께 일하는 까다로운 그들, 아티스트

엔터사의 경영지원팀 직원에게는 숫자로 된 업무 외에 아주 예민하게 신경 써야 할 부분이 하나 더 있다. 바로 친절하면서도 강단 있게 아티스트와 소통하는 것이다.

아티스트가 신인일 때는 비용 문제에 크게 신경을 쓰지 않지만, 일정 궤도에 오르면 앨범 제작비, 뮤직비디오 촬영비, 의상비 등 비용과 그에 따른 수입에 관심을 갖게 되고 예민해지게 된다. 여기에서 조금이라도 감정이 상하게 되면 단기 프로젝트는 물론 전속계약 등에도 영향을 미쳐 그 파급효과가 매우 커질 수 있다.

아티스트들이 항상 수입이 많은 것은 아니다. 수입이 많을 때는 깜짝 놀랄 만큼 많지만, 수입이 전혀 없을 때는 회사에 기댈 수밖에 없다. 관심 때문이든 생활을 위해서든 아티스트가 돈 이야기를 먼저 하기는 쉽지 않지만, 결국 이야기를 하게 된다면 이를 가장 먼저 접하는 곳이 경영지원팀이다. 때문에 아티스트와의 대화는 친절을 기반으로 '강단 있는 신뢰'를 만들어야만 지속성을 가지고 같이 일할 수 있다. 강단 있는 신뢰를 만드는 것은 명확한 근거와 자료의 준비가 기본이 된다.

지출된 비용 증빙, 각종 계산서와 전표 등 숫자에 관해서는 누구도 반박할 수 없는 명확한 근거와 명분을 갖추는 것은 기본 중의 기본이다. 그 기본에서 비로소 신뢰도 있는 강단이 나올 수 있는 것이다.

하지만 강단만 있고 친절이 빠지면 말짱 도루묵이다. 아무리 근거가 명확하더라도 아티스트들을 이해시키려는 노력이 빠지게 되면 감성적인 문제가 발생할 수 있다. 이 부분은 엔터사 경영을 하는 입장에서는 참 힘들고 어려운 문제일 수도 있다.

그래서 경영지원팀에서는 아티스트가 궁금해하는 부분은 친절하게 설명하면서도 회사의 입장을 충분히 이해시킬 수 있어야 한다. 은행처럼 정확한 태도를 가지면서도 친절한 감정의 소통을 유지하는 것, 이것이 바로 엔터사 경영지원팀의 힘들지만 매력적인 업무라고 할 수 있다.

회사에 소속돼 있는 아티스트라면 어느 한쪽만 성공할 수는 없다. 욕심쟁이 회사, 욕심쟁이 아티스트가 돼서는 안 된다. 회사에서는 먼저 투자한 비용에 대한 높은 수익률을 위해, 아티스트는 자신의 꿈을 이루기 위해 최선을 다해 노력해야 한다. 그리고 그 중간에서 경영지원팀이 조율하고 조정하는 것이 필수 과정이 될 수밖에 없다. 너무 다른 양쪽, 두 마리 토끼를 다 잡아야만 한다. 논리와 감정, 이것이 엔터사 경영지원팀의 영원한 숙제가 아닐까 싶다.

4

흥미진진한 엔터사의
4가지 수익

첫째, 아티스트 매니지먼트 수익

엔터사의 가장 기본적인 수익은 아티스트를 '운영'해서 얻는 수익이라고 할 수 있다. 일반적으로 방송, 행사, 광고 등에 아티스트가 출연해 얻는 수익이다. 이 수익은 방송 출연 수익과 행사 출연 수익, 광고모델 수익 등 몇 가지 종류로 나눌 수 있는데, 조금씩 다른 특성을 가진다.

음악방송·예능 등 각종 방송에 출연해서 출연료를 받는 방송 출연 수익, 대학·행사·페스티발 및 기업 등에서 진행하는 행사에서 30분~2시간 정도로 공연을 하는 행사 출연 수익은 1회성 수익이다. 또 영화나 드라마의 OST, 옴니버스 앨범 등에 참여하거나 광고 등에 성우로서 참여하는 경우도 마찬가지다. 1회 출연, 1회 녹음 등으로 수익이 발생한다.

드라마, 영화, 뮤지컬 등에 출연하여 얻는 수익도 위와 비슷하지만, 이 경우에는 1회가 아닌 계약 기간 안에 여러 번 출연해야 업무가 완료된다는 점에서 1회성 수익과 차이가 있다. 다회성 출연을 계약하여 수행하는 경우에는 출연하는 기간 동안 동종의 비슷한 분야에 동시에 출연하지 않는다는 조건이 붙는 것이 일반적이다. 대부분 큰 금액의 제작비가 투자되어 만들어지기 때문에 약속을 어길 경우 큰 패널티가 적용되는 만큼 계약 조건 등을 좀 더 세심히 살펴볼 필요가 있다.

매니지먼트 수익 중 한 가지인 광고 모델 수익의 경우는 조금 다르다. 일반적으로 촬영은 일정 시간 안에 1회 또는 2회로 끝나지만, 참여한 브랜드의 홍보대사 역할을 계속 해야 한다는 차이점이 있다. 방송이나 행사 출연과 달리 계약의 만료 시점이 몇 달 혹은 몇 년으로 장기간이며, 계약 기간 동안 초상권이나 콘텐츠들을 광고주가 활용할 수 있다. 또 광고에 위배되는 활동이나 경쟁사 제품을 사용하지 않을 것 등의 조건이 추가되기 때문에 계약 기간 동안에 사생활에도 어느 정도 신경 써야만 한다.

특이한 점으로는 가수 활동을 하는 아티스트들의 경우, 음악방송 출연을 수입보다는 홍보 마케팅의 수단으로 보는 것이 일반적이다. 음악방송에 아티스트를 출연시키기 위해 들어가는 비용은 생각보다 꽤 크다. 의상 및 소품 제작, 스타일리스트, 헤어, 메이크업 비용 등 어떤 경우에는 소요 비용이 출연료의 몇십 배에 해당되는 경우도 있다.

게다가 음악방송 프로그램에서 원하는 콘셉트가 있다면 그에 맞추어야 할 수도 있다. 그럴 때는 인건비, 식대, 교통비 등 관련 비용이 추가되기 때문에 음악방송 출연은 수익 창출보다는 또 다른 수익을 만들어 내는 마중물 역할, 즉 마케팅의 도구로서 사용된다고 봐도 무관할 것이다.

둘째, 공연 콘텐츠 수익

공연 콘텐츠를 기획하고 진행하는 것은 아티스트라면 누구나 매력적이라고 느낀다. 팬들과 가장 가까운 곳에서 만나 소통하고 호흡할 수 있는 좋은 기회이기 때문이다. 그래서 많은 가수들이 시간과 노력 그리고 비용을 들여 단독 콘서트를 진행하기도 하고, 한두 시간의 공연을 위해 멀리 떨어진 지방 혹은 외국에서 진행하는 음악 페스티벌에 참가하기도 한다.

인기와 실력을 가지고 있어 유명 페스티벌에 게스트로 참여하게 된다면, 대부분 일정 금액의 개런티를 받고 공연을 하기 때문에 과정이 간단하다. 반면 페스티벌의 콘셉트나 스케줄이 정해져 있어 아티스트가 원하는 프로그램이나 시간대로 진행하기는 어렵고, 페스티벌의 인기가 높아 페스티벌의 수익이 높더라도 추가 개런티를 요구하기 어렵다는 아쉬움이 있다. 그래서 페스티벌의 성공 유무와 관계 없이 대부분은 정해진 개런티로 계약하고 공연하면 마무리가 된다.

단독 콘서트의 경우, 원하는 대로 공연을 할 수는 있지만 무대 및 프로그램 구성, 게스트 및 세션 섭외까지 공연에 들어가는 모든 비용과 콘텐츠를 책임져야 한다는 리스크가 있다. 또 티켓 판매가 잘 되면 높은 수익을 거둘 수 있지만, 티켓 판매량이 저조하거나 특별한 이슈로 인해 콘서트 진행이 어려워지는 경우 그 피해는 매우 커진다.

이렇듯 리스크까지 책임져야 하는 만큼 공연 콘텐츠를 준비할 때는 엔터사와 아티스트의 꼼꼼한 의견 조율이 필요하다. 그래서 어떤 경우에는 자사 아티스트에게 일정 개런티를 지불하고 콘서트를 진행하는 일도 있다. 그렇게 되면 리스크는 회사가 부담하기 때문에 아티스트도 더 편안한 마음으로 공연을 준비할 수 있고, 회사는 공연이 성공적으로 잘 끝났을 때 추가 수익을 기대할 수도 있다.

콘서트의 경우, 티켓 매출 외에도 스폰서, MD, DVD, 온라인 판권 등의 부가 수입이 가능하다. 또 초대권 등을 제공하고 콘서트 전후에 광고 영상을 틀어 주거나 공연 영상을 IPTV나 OTT, DVD 등으로 판매함으로서 추가 수익을 얻기도 한다. 콘서트 이후 만들어지는 영상물 DVD 등의 판매 수익도 있다.

물론 이를 판매하는 경우 아티스트와 대행사 등 권리를 가지고 있는 주체들과 추가 계약을 하는 것이 일반적이며, 이는 단독 콘서트나 음악 페스티벌의 경우도 마찬가지다.

이때 콘서트에 들어가는 지출을 구체적으로 살펴보면 연주자 및 세션맨 섭외, 장비 대여, 편곡 비용, 공연의상비, 헤어/메이크업 비용, 엔지니어비, 보험료, 사진 및 영상 촬영 기사료, 악기 대여, 발전차, 청소비, 포스터와 인쇄비, 경호원, 진행요원, 각종 집기에 대한 비용, 밥차, 뒷풀이 비용, 숙박비, 특수효과 비용, 연출료까지 매우 다양하다.

이러한 비용을 최대한 알뜰하게 구성하고 지출하는 것, 그리고 예산이 제대로 잘 쓰여졌는지 확인하고 명확한 증빙을 남기는 것, 티켓 매출과 전체 비용을 정리하여 실제 수익금의 정산서를 정리하는 것은 A&R직원과 기획팀 그리고 경영지원팀의 책무다.

콘서트를 직접 제작하지 않고 외주 대행으로 하는 경우도 있는데, 그럴 때는 리스크를 더욱 줄여서 콘서트를 진행할 수 있다. 엔터사는 책정된 개런티만 아티스트와 협상하고, 티켓 판매, 마케팅 등 공연 제작에 관한 전반적인 부분은 대행사가 책임지는 구조다.

이때는 콘서트 대행사와 아티스트, 엔터사가 공연 제작의 투자 규모에 관해 서로 합의가 필요하며, 누구도 손해 보지 않도록 노력하는 것이 합리적이다. 대행사는 아티스트와 엔터사가 무대 비용을 너무 과도하게 지출하지 않도록 하고, 아티스트와 엔터사는 대행사가 너무 티켓 판매에만 몰두하지 않도록 해야 한다. 이렇게 공연 관리와 콘텐츠 어느 한쪽도 소홀하지 않도록 서로가 힘을 합쳐 노력할 때 비로소 성공적인 콘서트가 제작될 수 있다.

콘서트를 외주로 하는 경우도 있는데, 그럴 때는 리스크 없이 콘서트를 진행할 수 있다. 외주로 하는 경우는 광고대행사를 비롯해 광고주, 행사공연기획사, 행사대행사, 대학교 심지어 고등학교도 있을 수 있다. 그런데 이때 주의해야 할 점이 바로 대학교 총학생회와 공연을 진행할 때다. 대학교 총학생회의 경우는 일반 사업체가 아니기 때문에 매출 및 세금과 관련해 탈세의 유혹에 흔들릴 수 있는데, 그럴 때 또한 중심을 잡아 주는 수비수 역할을 회계팀이 해야 한다.

아티스트 수익 역시 개런티와 RS(레비뉴 쉐어, Revenue Share)로 나눌 수 있다. 보통 출연료 등을 말하는 개런티는 최소한의 수익을 말하는 것이다. 단어 뜻 그대로 손해를 보더라도 정해진 금액은 지급하겠다고 하는 것이 개런티다. 반면 RS는 개런티와 달리 손익을 함께하는 것이기 때문에 얼마를 벌지 확정 지을 수 없다. 요즘은 모델료 같은 경우도 개런티가 아닌 RS 계약을 하는 경우두 있으며, RS 계약의 경우 리스크가 있기 때문에 사업성을 잘 살펴봐야 하며, 그에 따른 위험도를 면밀히 살펴 결정하는 것이 좋다.

셋째, 지적재산권 및 제작 수익

엔터사의 지적재산권(IP, Intellectual Property)은 음원과 영상 수익, 아티스트를 브랜드화하여 판매한 라이센스 수익 등이 있다.

이 중 음원 수익은 판권(저작인접권) 수익이 대표적인데, 음원을 제작

2021 WAW 콘서트 더 무비 포스터

해 한번 공표하면 발매 후 70년 동안 계속 그 수익을 얻을 수 있기 때문에 엔터사에 있어서는 기본이 되는 매우 중요한 부분이다.

20~30년전 저작권 보호가 미성숙했던 시기에 판권 수익은 대체로 음반 판매에서 주로 이루어졌다. 그러나 이제는 음반도 중요하지만 다양한 판매처와 플랫폼에서 음원의 형태로 매출을 얻고 있다. 멜론, 지니, 유튜브, 네이버 등의 음악 플랫폼 어느 곳이든 엔터사와 아티스트들에게 수익을 주는 곳이라고 할 수 있다.

최근에는 음악 영상도 수익의 한 분야로 자리를 잡고 있다. 뮤직비디오나 퍼포먼스 영상도 스트리밍이나 다운로드할 수 있고 플랫폼을 통해 광고 수익을 얻을 수도 있다.

최근에는 콘서트 영상을 극장에서 상영하기도 하는데 엔터사 입장에서는 제작된 영상물을 재편집하여 상영함으로서 새로운 부가수익을 만들어 내는 긍정적인 효과가 있다. 2021년 12월에는 마마무의 'WAW(웨어 아 위) 콘서트 더 무비'가 CGV에서 스크린으로 상영됐는데, 직접 무대인사를 하는 이벤트를 하기도 했다.

여기서 원천저작권과 저작인접권의 차이를 살펴보고 넘어가자.

가끔 방송에서 유명 작곡가가 저작권으로 얼마를 받는다더라 등으로 화제가 되는 경우가 있다. 작곡가는 대체 어떤 시스템으로 수입을 얻는 것인가? 또 노래를 부른 가수는 수입을 얼마나 가져가는 것일까? 이것은 원천저작권과 저작인접권, 실연권 등으로 설명할 수 있다.

먼저 원천저작권은 악보 상태라고 할 수 있는 작사, 작곡, 편곡 등을

공연 중인 마마무

의미하며, 사후 70년까지 수익을 얻을 수 있는 가장 근원이 되는 저작권이다.

악보 상태에서의 노래는 상업적으로 수익이 없기 때문에 음원으로 제작된 이후에야 수익이 생긴다. 악보를 가지고 연주자들이 연주를 하고 가수가 노래를 부르고, 믹스와 마스터링을 거쳐 대중이 듣고 소비할 수 있는 형태로 판매용 음원을 만들어 내게 되면 이 판매할 음원이 갖는 판권을 저작인접권이라고 이해하면 된다.

영화로 말하면, 영화 시나리오 작가가 가지게 되는 스토리 저작권이 원천저작권이다. 이것을 여러 배우와 감독, 스태프들의 각종 편집을 거쳐 극장에 올릴 수 있는 필름으로 만들면, 그 필름을 상영할 권리를 판권, 즉 저작인접권으로 이해해 볼 수 있다.

영화의 판권은 대부분 영화사가 가지게 되며 음악에서도 마찬가지로 저작인접권은 모든 제작에 대한 투자를 단행했던 제작사, 즉 아티스트의 소속사가 가지게 된다.

이렇게 생긴 전체 저작권 수익은 다음의 비율로 다시 나누어진다. 유통사, 통신사 등을 제외하고 권리자만 가지고 비율을 살펴보자. 작사가, 작곡가, 편곡가의 권리를 모두 합한 원천 저작 권리자로서 얻는 수익 권리를 10% 정도라고 가정했을 때, 저작인접권자로서 제작사가 가지는 비율은 약 45% 정도다. 또 이 저작인접권은 마스터권(제작사) 과 실연권으로 나뉘는데, 음악을 연주했던 연주자와 가수 또한 약 6% 정도를 실연권자로서 갖게 된다. 예를 들어 작곡가 1명, 작사가 1명,

편곡자 1명이 참여하여 곡을 만들었다면, 작곡가가 저작권료로 100만 원을 받았을 때 제작사는 약 980만 원을 저작인접권료로 받게 된다.

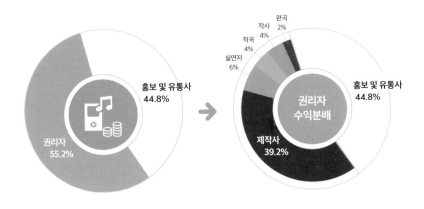

음원 스트리밍 수익 분배 구조

넷째, MD상품(굿즈) 판매 수익

엔터사에서 판매하는 것들 중에서 CD 앨범을 제외한 나머지 제품 및 상품을 MD상품, 즉 굿즈라고 할 수 있다. 제품은 재료의 선정, 기획 부터 디자인 그리고 제작까지 모두 하는 것이고, 상품은 만들어져 있는 제품에 약간의 공정을 더하여 상업적 가치를 가질 수 있도록 한 것을 의미한다. 제품과 상품은 콘서트와 비교할 수 있다. 직접 단독 콘서트를 기획하고 연출하면 제품, 음악 페스티벌 등 기획된 축제에서 노래만 부르고 오는 것은 상품이라고 할 수 있다.

제품은 공정이 복잡하고 비용도 많이 들기 때문에 리스크가 크다. 때문에 보통의 엔터사에서는 상품 위주로 굿즈를 만들어서 판매하는 것이 일반적이다. 보통은 제품을 만드는 회사들과 제휴해 라이센스를 맺고 생산한다. 사내에 MD가 있는 경우에는 내부에서 상품을 제작하고, MD가 없는 경우에는 외주 제조회사들과 협업하여 주문생산 후 판매한다. 만들어진 엔터사의 상품, 즉 굿즈는 보통 해당 아티스트의 팬을 상대로 판매한다. 아티스트 사진집을 기본으로, 시즌 그리팅, 크리스마스 한정 기프트 패키지, 콘서트 브로마이드, 사진이나 사인이 들어간 머그컵 등 그 종류는 매우 다양하다.

예전과 달리 팬들의 니즈에 따라 굿즈의 종류가 다양해지면서 제작 방법 또한 다양해졌다. 그래서 수익의 구분을 세분하여 정해야 하는데, 이 또한 경영지원팀의 업무다.

라이선스만 외주업체에 주고 제조 판매된 상품은 라이선스 수익을 저작권 수익으로 인식할 수 있으며, 사내에서 직접 제작해 상품을 만들어 판매한 경우는 상품 판매 수익으로 구분할 수 있다.

라이선스 비용만 주고 만들어진 상품을 일부 사입해서 회사가 직접 판매하는 경우에는 아티스트와 분배하지 않는 유통수익으로 인식할 수 있으며, 제조대행사의 기획으로 만들어진 상품에 아티스트가 1회 출연하여 콘텐츠를 만들어 판매된 상품의 경우에는 회사가 받는 아티

LED **7color**

무선컨트롤 시
LED **256color**

진동모터 탑재

무선 컨트롤

ONE BUTTON

기존 전원/모드 두가지 버튼을
원버튼으로 변경하여 깔끔한 디자인과
사용자의 편리성을 더욱 높였다.

15%

[HWA SA] MARIA
~~21,000 KRW~~ **17,800 KRW**

[MAMAMOO] BLOSSOM
CHILDGAMSUNG
15,000 KRW

[MOON BYUL] MOON BYUL's Birthday
Broach
22,000 KRW

[Director's Cut] BADGE
10,000 KRW

17%

[MOON BYUL] C.I.T.T (Jerry ver.)
~~14,300 KRW~~ **11,900 KRW**

17%

[MOON BYUL] C.I.T.T (Cheese ver.)
~~14,300 KRW~~ **11,900 KRW**

마마무의 무무봉과 앨범, 굿즈들

스트 출연 개런티, 매니지먼트 수익으로 구분하여 인식할 수 있다.

이처럼 경영지원팀에서는 발생한 수익을 신중히 검토하여 상세하게 구분하고 결정해야 한다. IP 수익, 매니지먼트 수익, 상품 판매 수익 등 매출 구분 항목에 따라 엔터사와 아티스트와의 분배율이 다를 수 있기 때문이다.

나날이 상품은 다양하게 진화하고 있고, 그 대상은 화장품이나 의류뿐만 아니라 어플리케이션, 게임 등 O2O 서비스 등으로도 확대되고 있다. 경영지원팀에서는 다양한 상품의 다양화에 맞춰 정확한 수익 인식과 수익 극대화를 위한 노력을 꾸준히 해야 한다.

예를 들어 마마무 콘서트 때 팬들이 응원봉으로 사용하는 무무봉은 제품일까 아니면 상품일까? 디자인부터 제작까지 모두 관여했기 때문에 제품이라고 할 수 있지만, 한편으로는 금액을 직접 받은 것이 아니라 결제업체를 통했기 때문에 상품이라고 할 수도 있다. 요즘은 중간에 결제 대행업체를 거치기 때문에 제품과 상품의 구분은 더욱 모호해지고 있어 회계팀의 고민은 더욱 커질 수밖에 없다.

커넥서스랩 이상환 대표

前 CJ ENM, 하이브(구 빅히트) 인사팀장

현재 담당하고 있는 업무는?

문화 콘텐츠 사업을 메인으로 하는 커넥서스랩을 운영하고 있습니다. 커넥서스랩은 K-POP 관련 엔터 산업 및 방송 미디어 콘텐츠 관련 프로그램을 만들어서 제공하고 있습니다. 약 44,000명 정도가 가입된 네이버 카페 '엔준모'를 베이스로 하는 커뮤니티 사업도 하고 있고요. 또 음악 레이블, 아티스트, 음원 등에 투자하면서 IP사업도 함께 하고 있습니다.

일을 시작하게 된 계기는?

2007년 취업을 준비할 때 평소 관심 있던 음악산업 쪽으로 갈까 그냥 연봉 높은 곳으로 갈까 고민을 했어요. 관심도 있고 비전 있는 일을 해 보고 싶어 당시 CJ엠넷 인사팀에 입사하게 됐고, 직무가 적성에 잘 맞는다는 것을 확신할 수 있었어요. 이후 넷마블 게임즈, JTBC, 빅히트 등의 인사팀에서 일하다 커넥서스를 창업하게 됐습니다.

업무에 가장 필요한 능력은?

엔터 산업을 매우 트렌디하다고 생각하는 사람들이 많은데, 사실 엔터사는 인적 역량 의존도가 매우 높은 산업이기도 합니다. 어떤 파트도 AI나 로봇이 대체할 수 있는 분야가 아니기 때문입니다. 그래서 자신이 맡은 업무의 완성도를 높일 수 있는 대체 불가능한 커리어가 가장 필요한 능력이라고 할 수 있습니다.

일하면서 가장 기억에 남는 점은?

CJ엠넷에서 채용 업무를 많이 했는데, 대학 대신 공연장에서 설명회를 했어요. 회사 소유의 공연장에서 소속 가수들의 공연, 현직자와의 대화, 기념품 홍보 등을 추가해 콘서트 형식으로 진행했는데, 반응이 매우 좋았어요. 당시에는 생소한 형식이었기 때문에 언론에서도 좋은 평가를 받았습니다.

엔터사 업무의 비전은?

앞서 말한 것처럼 인적 역량 의존도가 높은 일이기 때문에 안타깝게도 9 to 6도 잘 안되고, 완성도를 높이기 위해서 많은 노력을 해야 합니다. 워라밸은 어렵지만 한 번 확실하게 인정받으면 대체불가능한 커리어를 쌓을 수 있습니다. 제가 이 일을 시작했던 2007년에도 성장하는 산업이었는데, 지금은 더 고성장 산업이 되었어요. 산업이 커질수록 사람도 커질 수 있기 때문에 지금부터라도 시작한다면 희소한 커리어를 쌓을 수 있을 것입니다.

일하면서 가장 보람을 느낄 때는?

커넥서스에는 여러 가지 교육 프로그램이 있는데, 엔터사 입사를 준비할 수 있는 오프라인 강의도 진행하고 있어요. 음악 산업, 직무, 자소서, 면접반 등으로 진행되는 한 달짜리 프로그램인데 30개월째 진행하고 있고, 지금까지 약 200명 정도가 국내 엔터사에 취업했습니다 거의 모든 엔터사에 저희 교육생들이 있다고 생각하면 매우 뿌듯합니다.

일하면서 가장 힘들 때는?

교육 사업인만큼 한 사람 한 사람을 세심하게 케어하고 있는데, 그동안 최선을 다했다고 생각했는데도 퇴사 의사를 밝힐 때 많이 힘들어요. 당장 원하는 만큼 연봉을 높여줄 수도 없어서 마냥 붙잡을 수도 없고요. 창작이나 기획력이 중요한 콘텐츠 사업이다 보니 적합한 사람을 구하기가 쉽지 않은데, 퇴사를 막을 수 있는 방법도 없어 쉽지 않습니다.

엔터사에 입사 시 갖춰야 할 스펙은?

엔터사들은 글로벌 진출 및 성공을 염두에 두고 사업을 하기 때문에 해외 활동에 적합한 인재를 선호합니다. 그래서 예전보다 더 영어 실력을 중시하고 있어요. 아주 유창하지는 않더라도 해외 활동을 하는 데 있어 필요한 영어 능력은 이제 필수라고 할 수 있습니다. 해외투어 콘서트는 물론, A&R, 마케팅 등도 모두 글로벌하게 진행하고 있으니까요. 부서에 따라 차이는 있겠지만 대형 엔터사에서 일하고 싶다면 영어 실력은 가장 기본입니다.

엔터사 입사 준비 시 포트폴리오의 중요성은?

엔터사 취업 시 가장 큰 특징이 바로 업무 관련 포트폴리오입니다. 기획제작팀에 지원하는 경우에는 회사 소속 아티스트의 다음 앨범 기획안 등 직무적인 특성을 살린 포트폴리오를 준비합니다. 굳이 말하지 않더라도 포트폴리오 제출은 필수이기 때문에 사실 웬만한 대기업보다 더 준비해야 할 게 많기도 합니다. 또 다른 분야처럼 인턴십을 할 수 있는 기회가 적다 보니 포트폴리오의 중요성은 더 커질 수밖에 없고요. 경력이 부족하지만 업무에 자신이 있다면 포트폴리오의 질을 최대한 높여 합격에 더 가까이 갈 수 있을 것입니다.

엔터사 입사 준비 시 나이가 중요할까요?

K-POP의 인기가 많아지다 보니 지원하는 신입 연령대가 높아지고 있어 나이는 크게 상관이 없습니다. 일반 회사에서 4~5년 차 직원이 연봉이 줄어드는 데도 불구하고 취업하기도 하고요. 엔터사 입사를 고민한다면 빠른 시일 내에 재교육을 받고 취업을 준비하는 것이 좋습니다. 실제로 저희 교육생들 중에는 34살인데 RBW에 신입으로 합격한 경우도 있습니다.

앞으로의 목표는?

엔터사 취업을 결정하는 것은 매우 힘든 일입니다. 우대하는 전공도 특별히 없고 연봉이 높은 것도 아닌데 일하는 시간은 길고 업무는 힘드니까요. 하지만 그만큼 엔터 업계에서 일하고 싶어 하는 사람들이 원하는 목표를 이룰 수 있도록 디 열심히 돕고 싶습니다. 현재 국내 엔터 관련 교육기관 중 합격자가 제일 많은데, 앞으로도 더 많은 교육생이 목표를 이룰 수 있도록 더 좋은 프로그램을 만들고 싶습니다.

DSP미디어 경영지원본부
임숙경 상무

담당한 업무는?

현재 DSP미디어 경영관리부에서 회계 및 아티스트 정산 업무를 22년째 하고 있습니다. 사내 회계 자금은 물론 아티스트들의 정산 및 정산 미팅을 담당하고 있어요.

일을 시작하게 된 계기는?

대학을 졸업하고 건축회사에서 일하다 지인의 소개로 DSP미디어에 입사했습니다. 핑클, 젝스키스, 클릭비 등이 소속된 엔터사였는데, 당시만 해도 엔터사의 이미지가 좋지 않아서 저를 비롯해 주위에서 가지 말라는 의견이 많았습니다. 저도 석 달 정도 고민하다가 당시 저를 불러주셨던 DSP미디어 팀장님을 믿고 입사를 결정했어요.

일하면서 가장 힘들었을 때는?

여러 번 회사에 위기가 있어서 폐업을 각오한 적도 있고, 대표이사가 바뀌면서 관리부의 역할이 커져 일이 너무 많아서 힘든 적도 있었어요. 하지만 가장 힘들었던 점은 세무조사였습니다. 엔터사들은 세무조사를 많이 받는 편인데, 압수수색 수준이라 강도가 매우 높아요. PD와 엔터사의 유착관계 문제가 있었을 때는 직접 대검찰청에 가서 조사를 받고 수십 장의 진술서를 쓰기도 했어요. 심지어 제 계좌까지 수색을 당할 정도였어요. 22년이 순식간에 흘러갈 만큼 이슈가 많아서 한 회사에서 이렇게 오래 일할 수 있었던 것 같기도 합니다.

일하면서 가장 보람을 느낄 때는?

화려한 직업으로 보이지만 연습생들은 물론 아티스트들은 데뷔를 해도 경제적으로 매우 힘든 경우가 종종 있어요. 얼굴이 알려졌다 보니 일반적인 아르바이트도 할 수 없기 때문에 유혹의 손길이 미치기도 하고 그만두고 싶어 하는 경우도 있어요. 그룹 '카드' 같은 경우는 한 멤버의 집이 미국이었는데 좀처럼 좋은 반응을 얻지 못해 돌아가고 싶어 했어요. 그러나 상담을 통해 꾸준히 활동을 이어 갔고 결국 중남미에서 높은 인기를 얻게 됐지요. 분기마다 정산 미팅을 할 때면 카드 멤버나 가족들보다 저희가 더 기뻐하고 있습니다. 정산 관련 설명도 잘 해 주고 데이터가 클리어해서 감사하다고 했을 때는 더 뿌듯했고요.

일하면서 겪은 특별한 에피소드는?

정기적으로 아티스트의 손익을 정산하는 정산 미팅을 진행할 때가 가장 기억에 남습니다. 처음으로 정산 미팅을 할 때는 이 부분에 대해 전혀 모르는 아티스트들을 위해 상세한 설명을 준비해요. 회사와 아티스트는 동업 관계라 굳건한 믿음이 필요한데, 아티스트들이 손해 보는 사람, 피해자라는 입장을 가질 수 있거든요. 그래서 분식집을 운영하는 것처럼 쉬운 예시를 들어 설명해 줍니다.

입사 시 갖춰야 할 스펙은?

요즘은 학력보다 기본 인성이 중요하다고 생각합니다. 업무적인 면은 조금 부족하더라도 배우려고 하는 긍정적인 자세가 더 중요하니까요. 신중하게 뽑아서인지 저희 부서는 제일 힘든 부서지만 이직률이 매우 낮습니다. 막내가 7년 차니까요. 업무 자체가 아닌 아티스트를 좋아해서 입사하는 경우도 있는데, 자신이 생각하지 못한 모습을 보고 실망하면 업무에도 영향을 미칠 수 있어요. 아티스트가 아닌 일에 포커스를 가지고 있어야 오래 일하고 좋은 성과를 얻을 수 있습니다.

지원자가 해당 엔터사 아티스트의 팬 경력을 어필한다면?

다른 부서와 달리 경영지원팀은 보수적인 업무 분위기를 가지고 있기 때문에 뽑지 않았어요. 경영지원팀은 회사 전체를 관리한다는 마인드를 바탕으로 다른 직원들이 규칙을 따르도록 매뉴얼을 만드는 부서니까요.

주5일 근무, 칼퇴근이 가능한지?

보통 정시에 출근하지만 업무가 많을 때는 야근을 하기도 합니다. 아티스트와 정산을 한다는 특징 외에는 일반 회사의 회계 부서와 크게 다르지 않아요. 엔터사라고는 해도 다른 부서보다 일반적인 업무를 하고 있어 출퇴근 역시 일반적입니다.

업무에 가장 필요한 능력은?

정산 기준과 매뉴얼을 클리어하게 만들고 구분하는 능력이 필요합니다. 팀이 밥을 먹는 데 한 명이 포장해 가는 비용을 함께 계산하거나 개인 스케줄에 사용한 비용을 팀 비용에 넣을 때 어떻게 처리해야 하는지 그때그때 다르니까요. 매니저나 리더가 있어서 공평하게 처리하면 쉽게 해결되기도 하지만 그렇지 않을 때도 있습니다. 이러한 비용 정산을 최대한 공정하게 할 수 있어야 합니다. 실제로 아티스트나 그 부모님이 소송을 걸기도 하기 때문에 모든 정산을 투명하게 히는 것은 가장 기본입니다.

앞으로의 목표는?

사람을 상대하는 일이다 보니 힘들 때도 많아 그만두고 싶다는 생각을 한 적도 많았어요. 하지만 일을 하다 보면 시스템이 잡혀 간다는 보람도 크고, 정산 미팅을 하면서 아티스트와 그 부모님들 그리고 세무사에게도 DSP미디어처럼 클리어하게 해 주는 곳이 없다는 말을 들으면 뿌듯함도 느끼죠. 앞으로도 지금까지처럼 그 어떤 엔터사보다 투명하고 공정하다는 자부심을 가지고 열심히 일하고 싶습니다.

그룹 카드의 브라질 투어

엔터테인먼트 산업의 미래와 전망

K-POP의 지도가 넓어지고 있다

책을 쓰는 노중에도 K-POP 세계 지도가 넓어지고 있다는 걸 피부로 느낄 수 있었다. 동남아시아와 미주 일부 국가들에서 볼 수 있었던 매출 숫자가 지금은 유럽 대부분의 국가와 중동, 아프리카에 이를 정도다. 눈에 띄게 빠른 속도로 성장하고 있는 것이다.

예전에는 한국의 음악차트, 음악방송 1등을 목표로 제작하는 것이 대부분이었지만, 지금은 글로벌 히트가 목표이자 비전이 되었다. 콘텐츠 제작 방향이나 아티스트의 이미지, 크리에이티브 키워드 등을 고민할 때도 북미, 유럽 등 글로벌 팬들까지 염두에 두고 생각하게 되었다. 불과 5년 전과 비교하면 사뭇 다른 모습이다.

경쟁이 치열해졌다

시장이 커지고 슈퍼스타들이 속속 나오면서 이제 글로벌 대중이 요구하는 콘텐츠의 퀄리티도 달라졌다. 이제 K-POP은 'K-POP스러움' 혹은 '한국인만 알아보는 특별함과 매력'으로 끝나지 않는다. 이제는 역사가 우리보다 훨씬 긴 미국과 영국 등의 팝 음악과 동등한 선상에서 경쟁해야 하는 상황이다. 그만큼 해외의 어느 아티스트들과 견주어도 손색이 없어야 한다. 내수만 바라보고 K-POP 아티스트를 제작하는 건 이제 더 이상 살아남을 수 없다는 얘기다. 그만큼 몇 배의 투자와 몇 배의 공이 들어가고, 또 성공할 확률 역시 커지는 세상이 되었다. 하지만 시장이 커졌다고 마냥 기뻐하며 박수칠 수만은 없다. 그만큼 리스크도 몇 배로 커졌기 때문이다.

신선한 생각을 하는 스태프가 필요하다

빠르게 변하는 시장, 다양해지는 팬들, 변화하는 미디어의 환경. 이런 변화에 대처하고 미래를 맞이하기 위해 엔터 업계에는 준비된 젊은 인력이 매우 필요하다. 글로벌 10대들의 트렌드는 하루가 다르게 변화한다. 도대체 이번 가을에 어떤 것이 유행할지 가늠하기조차 힘들다. 10대의 마음을 가장 잘 알 수 있는 건 10대일 것이다. 엔터 업계에는 그런 '10대다움'을 잃지 않고 그들을 이해할 수 있는, 또 그들의 니즈를 빠르게 캐치하여 적용할 수 있는 스태프들이 필요하다.

예전에는 작곡가, 매니저, 작사가 등이 제작 프로듀서를 많이 하곤

했다. 그러나 지금은 아니다. 팬들의 마음을 가장 잘 알고, 10대들의 요구를 빠르고 능숙하게 읽어 내어 제작에 반영할 수 있는 그런 스태프가 프로듀서가 된다. 그래야 성공 확률이 높아진다. 세상이 바뀐 것이다.

제2의 BTS는 어디에

시스템과 자본이 다 갖춰진 큰 기업에서 제2의 BTS가 나온다고 생각하지 않는다. 대형 엔터사에서는 스타, 즉 어느 정도 성공하는 팀은 꾸준히 나올 수 있다고는 생각하지만, 역사적인 성공을 이뤄 내는 팀이 또 다시 규모 있는 엔터사에서 나오기는 어렵다고 확신한다.

그 이유는 시스템에 있다. A급 작곡가, A급 안무가, A급 스타일리스트, 정형화된 홍보 마케팅 툴, 거대한 자본 등은 스타를 만들어 내기 위해 최적화된 제작 시스템, 즉 가장 확률이 높은 방법일 수 있다. 하지만 역으로 보면 가장 망하지 않을 확률, 그러니까 리스크를 제일 적게 줄일 수 있는 제작 방식이라고도 볼 수 있는 것이다.

적어도 BTS처럼 세상을 바꾸는 팀은 새로운 스태프, 새로운 생각을 하고 새로운 방식으로 캐스팅하고, 새로운 방식으로 음악을 만들고, 새로운 방식으로 팬들에 반응하여 콘텐츠를 제작하는 모험과 도전을 할 수 있어야 한다. 그런 제작팀, 그런 엔터사에서 제2의 BTS가 나올 수 있다고 믿는다.

K-POP 3.0

이 책에는 지금까지 내가 일해 왔던 방식과 경험을 담고 있다. 그리고 이 내용이 새롭게 엔터 업계로 들어올 후배들에게 작은 실마리를 제공하고 도움을 줄 수 있었으면 하는 바람이다. 또 아티스트와 제작 스태프 사이에서 고민하고 있는 많은 후배들이 자신의 미래를 결정하는 데에도 작은 도움이 될 수 있다고 믿는다.

하지만 그런 바람은 딱 거기까지다. 원래 하던 대로 엔터 업계가 구태의연한 고인물로 머문다면 미래는 없다. 엔터 업계로 새로 들어오는 후배들은 더 큰 글로벌 시장에서 메이저 팝 음악과 정정당당하게 경쟁하고 승리해야만 한다.

그러기 위해서는 다른 도전을 할 신선함이 반드시 필요하다. 책에 담긴 평범한 직무 내용 외에 자신만의 신선하고 독창적인 그 무언가를 더해 용감하게 실현하고 수행할 수 있는 그런 도전적인 사람이 필요한 것이다.

RBW와 함께할 미래의 후배들

5,000만 원으로 RBW를 창업하고 12년이 흘렀다. 2021년 11월에는 코스닥 시장에 '㈜알비더블유'라는 이름으로 상장할 정도로 회사도 커졌고, 개인적으로도 업무 규모와 범위에서 큰 변화가 있었다. 기적에 가까운 성장이었다. 자본금 5,000만 원이 수천억 원의 기업 가치를 만들어 내고, 3명이었던 직원이 150여 명에 이르기까지 성장했다.

그동안 약속을 지키려고 애썼고, 의리를 지키려고 노력했다. 작은 유혹에 흔들리지 않았고 유치원 때 배우는 아주 기본적인 원칙을 지키려고 최선을 다했다. 하지만 이제 초기 기업의 약진하는 성장은 더 이상 없다. 이대로 가만히 있으면 성장은 점점 느려지다 멈추게 될 것이다. 이제는 새로운 레벨로 진입하기 위해 미래를 준비해야 할 중대한 시점인 것이다. 앞으로 RBW가 험한 경쟁에서 살아남고 더 큰 성장을 이루려면 결국 사람이 가장 중요하다고 생각한다. 우리에게는 성실함과 진정성 그리고 기발한 신선함과 약간의 용기가 있는 새로운 후배 스태프가 필요하다.

나는 이 책을 내는 계기로 좋은 후배 스태프를 찾는 데 노력을 아끼지 않을 생각이다. 가능성 있는 스태프를 찾아 함께 새로운 K-POP을 만드는 일을 꾸준히 그리고 성실히 한다면 분명 RBW의 미래는 밝을 것이고, 엔터 업계의 새로운 세대교체도 분명히 할 수 있을 것이라 믿는다. 엔터는 사람이다. 사람이 상품이고, 사람이 사람을 뽑고, 또 사람을 기르고 만든다. 결국 사람 안에서 답을 찾을 수 있다고 확신한다.

책을 쓴다는 것은 생각한 것보다도 고되고 힘든 시간이었다. 책 쓰는 기간 내내 진심으로 도와주신 김현 팀장, 조주연 작가, 그리고 2008년부터 인생과 삶의 이유가 된 딸 서윤이에게 감사함을 전한다.

엔터테인먼트사의 25가지 업무 비밀

1판 1쇄 찍음 2022년 10월 17일
1판 1쇄 펴냄 2022년 10월 27일

지은이 | 김진우
발행인 | 박근섭
책임편집 | 정지영, 강성봉
펴낸곳 | ㈜민음인

출판등록 | 2009. 10. 8 (제2009-000273호)
주소 | 06027 서울 강남구 도산대로 1길 62 강남출판문화센터 5층
전화 | **영업부** 515-2000 **편집부** 3446-8774 **팩시밀리** 515-2007
홈페이지 | minumin.minumsa.com

도서 파본 등의 이유로 반송이 필요할 경우에는 구매처에서 교환하시고
출판사 교환이 필요할 경우에는 아래 주소로 반송 사유를 적어 도서와 함께 보내주세요.
06027 서울 강남구 도산대로 1길 62 강남출판문화센터 6층 민음인 마케팅부

㈜민음인은 민음사 출판 그룹의 자회사입니다.